SUR

LES SUBSISTANCES.

LES SUBSISTANCES,

PAR J. A. CREUZÉ-LATOUCHE,

*Député du département de la Vienne,
à la Convention Nationale.*

A PARIS,

Chez les Directeurs de l'Imprimerie du Cercle
Social, rue du Théâtre-François, n°. 4.

____

1 7 9 3.

L'AN 2 DE LA RÉPUBLIQUE.

SUR

LES SUBSISTANCES.

CITOYENS,

Vous êtes vivement alarmés par-tout sur vos subsistances. Vous cherchez, avec inquiétude, la cause du mal qui vous afflige. Vous cherchez cette cause par-tout où elle n'est point ; et vous ne la voyez pas où elle est uniquement.

Je vais vous montrer des erreurs qui ont produit tous vos malheurs. Je vous indiquerai de mauvaises lois, qui, quoiqu'elles vous eussent paru bonnes, n'en ont pas moins été funestes pour vous-mêmes. Je vous exposerai des faits et des évènemens dont vous n'avez jamais eu que des idées très-confuses ; et j'espère vous faire voir bien distinctement le remède de vos maux, qui est entièrement en votre disposition.

A 3

Je commencerai par vous rassurer sur la quantité des subsistances qui se trouvent dans l'intérieur de la république.

Nous avons vu plusieurs fois en France, d'assez longues suites d'années, où le prix du bled s'est soutenu à des prix assez rapprochés.

Depuis l'année 1774, jusqu'en l'année 1788, le prix moyen du bled en France a roulé de 19 à 23 liv. le septier, mesure de Paris, qui pèse 240 liv. poids de marc.

En 1788, il devint plus cher par l'effet naturel de la grêle qui ravagea la moitié de la France, et notamment toutes les provinces les plus fertiles.

En 1789, il fut à un prix excessif, comme dans l'année actuelle. Mais cela est arrivé par des causes particulières, que je vous expliquerai dans un moment, pour vous montrer combien dépend toujours de vous d'éviter de pareilles causes.

Il nous suffit ici de remarquer que, depuis 1774 jusqu'en 1788, le bled n'a valu en général, en France, que depuis 19 jusqu'à 23 liv.

Les années où il a valu 23 livres, sont, comme vous le pouvez voir dans le tableau qui est à la fin de cet écrit, les années

1782 , 1783 , 1784 et 1785, où de grandes provinces très-fertiles avoient manqué. Mais alors la circulation rétablissoit aisément le niveau par-tout ; et toutes les parties , partageant le mal de quelques-unes , ce mal devenoit assez peu sensible pour toutes.

Ainsi , dans cette suite de treize années , depuis 1774 jusqu'en 1788 , quelques mauvaises années ne faisoient guère monter que de 20 à 30 sous par septier , mesure de Paris , le prix moyen du bled.

Dans les autres années , ce prix étoit de 22 , 21 ou 20 livres , et le gouvernement permettoit l'exportation aux provinces situées près de la mer , ou des frontières , qui avoient trop de superflu , qu'elles ne trouvoient pas à employer dans l'intérieur.

Ces faits vous prouvent que la France recueille aisément de quoi se nourrir. Autrement les mauvaises récoltes des années que je viens de vous indiquer , auroient fait quelque part des vides irréparables , et y auroient produit des famines , dont l'effet auroit été de répandre l'alarme dans toutes les autres parties , de les dégarnir sensiblement , et d'opérer par-tout un renchérissement considérable , ce qui n'est jamais arrivé dans le tems dont je parle.

Les exportations en pays étranger, que le gouvernement permettoit dans les bonnes années, prouvent également que, dans les bonnes années, la France doit avoir du superflu, puisque, malgré ces exportations, le bled étoit généralement à bon marché ; et qu'au contraire il auroit dû être très-cher, si ces exportations avoient été faites aux dépens de votre nécessaire.

Dans le tableau que je mets sous vos yeux, vous verrez encore que, depuis 1756, jusques et compris 1765, le prix du bled avoit roulé entre 15 et 18 livres. De si petites variations, pendant l'espace de neuf années, prouvent aussi ce que je viens d'affirmer, que la France recueille de quoi nourrir ses habitans. Si nous tirions des bleds étrangers pour nos provinces du midi, qui n'en produisent pas toutes, nous en exportions du côté du nord. L'un étoit compensé par l'autre, et cependant, parmi ces années, plusieurs ont été mauvaises, sans que le prix du bled en ait éprouvé de grandes augmentations. Donc la France se suffit à elle-même, et recueille de quoi nourrir tous ses habitans.

Il est vrai que, depuis 1766 jusqu'en 1774,

le prix du bled a monté et changé avec de très-grandes bizarreries ; mais cela s'est fait par des manœuvres du gouvernement que je vous expliquerai très-clairement tout-à-l'heure, mais sur lesquelles vous n'avez eu que des idées confuses, qui vous ont attiré plusieurs fois de grands malheurs, parce que vous tiriez de fausses conséquences de ces faits que vous ne connoissiez pas assez distinctement.

Depuis nombre d'années, il s'est fait des défrichemens, par le moyen des exemptions de dîmes et d'impôts, que l'on avoit accordées pour ces entreprises; par conséquent la production du bled a dû un peu augmenter.

L'agriculture s'est aussi un peu améliorée par la multiplication des prairies artificielles : et c'est une grande erreur où tombent beaucoup de citoyens, sur-tout des habitans des villes, qui ne connoissent point l'agriculture, de croire que la multiplication de ces prairies diminue la production du bled. Elle l'augmente tellement au contraire, que si l'on mettoit, dans chaque ferme, la moitié des terres labourables en prairies artificielles, bientôt l'autre moitié rapporteroit plus de bled, que la totalité n'en rapportoit auparavant.

Par le moyen des prairies artificielles , on multiplie le bétail, et par conséquent les engrais qui font venir le bled. Les prairies artificielles renouvellent les terres usées. Ces prairies ne durent que très-peu de temps ; et lorsqu'on les défriche , la terre donne pendant plusieurs années de suite du bled en abondance ; et si les campagnes n'eussent pas été , avant notre révolution , si opprimées , si découragées , et si abandonnées , la moitié de la France seroit actuellement en prairies artificielles , et la France auroit , avec une plus grande abonbance de grains , des bestiaux et des cuirs à revendre , et de la viande et du beurre au meilleur marché.

Mais toujours est-il vrai que puisque , depuis quelques années , les prairies artificielles se sont un peu multipliées , la production du bled a dû aussi augmenter , et c'est une raison de plus d'être bien convaincu que la France recueille de quoi fournir à sa consommation.

Depuis trois ans , la production du bled a augmenté encore par l'effet de l'abolition du droit de chasse , et sur-tout des capitaineries, où les laboureurs étoient auparavant obligés d'employer plus de semences qu'ailleurs , et où ils recueilloient aussi beaucoup moins.

Une vérité que l'on ignore dans la plupart des grandes villes, mais qui n'est malheureusement que trop sentie dans les campagnes, c'est que la consommation générale du bled n'est pas la même dans tous les temps. Croyez-vous que les pauvres habitans des départemens méridionaux, par exemple, et de plusieurs départemens de l'intérieur, où l'on paie le pain en ce moment (décembre) depuis 6 jusqu'à 8 sous la livre, puissent se nourrir comme à l'ordinaire ? Ils mangent des racines, des pommes de terre, des châtaignes, des légumes, du sarrazin, de l'orge, ou tout au plus du pain le plus grossier et le plus noir. Les cultivateurs aisés même, contre lesquels on vous prévient si mal-à-propos, font, dans leurs ménages, pour eux et leurs familles, un pain plus grossier, qui diminue par conséquent la consommation de la fine farine, qu'ils emploieroient seule dans des temps plus heureux. Dans une pareille détresse, les pauvres habitans des campagnes, et toutes les personnes économes, tirent parti des menus grains, et de toutes les substances que l'on rejeteroit, où qu'on emploieroit à d'autres usages dans d'autres temps.

Cependant la dernière récolte a été généralement bonne. Celles des trois années qui l'ont précédée , ont été bonnes généralement aussi. Depuis quatre ans, les exportations en pays étranger , ont été constamment défendues ; et quoique vous vous imaginiez souvent , au milieu de vos inquiétudes , que nos bleds sont passés en pays étranger , vous reviendrez aisément de ces fausses alarmes, en considérant que si, depuis quatre ans , le peuple s'est presque toujours opposé à tout transport de bled d'une contrée à une autre , dans l'intérieur de la république , le peuple des frontières n'a pas pu être moins surveillant , ni moins difficile ; et que du bled n'auroit pu sortir qu'avec bien de la peine , et en des quantités bien peu sensibles pour la totalité, quand bien même les fonctionnaires publics et les gardes auroient été , ou endormis , ou corrompus. Depuis quelques mois , vous êtes devenus encore plus soupçonneux et plus intolérans ; et si personne n'ose entreprendre de porter des bleds d'un département dans un autre , quoique la loi le permette , croyez-vous que l'on ose se hasarder à le porter hors des frontières , lorsque la loi le défend , et que le peuple est là pour la faire exécuter ?

Des quantités de bled un peu sensibles, ne se voiturent pas en cachette aisément. On estime deux milliards tout le bled d'une récolte en France : quand il en sortiroit pour deux ou trois millions, ce ne seroit presque rien sur la totalité. Mais voyez le volume que doit avoir du bled pour un million ; et jugez, d'après cela, s'il est aisé d'en voiturer une telle quantité, sans qu'on s'en apperçoive ?

Ainsi, la dernière récolte étant supérieure aux précédentes, est plus que suffisante pour nourrir toute la république.

D'un autre côté, il ne peut pas sortir de bled, du moins en une quantité importante. D'un autre côté encore, la consommation ne se fait pas comme à l'ordinaire, dans beaucoup de contrées qui souffrent.

Ajoutez à cela des bleds vieux qu'on trouve dans plusieurs départemens.

Ajoutez les bleds que l'on a tirés de l'étranger, dont plusieurs vaisseaux chargés sont déja dans nos ports, et dont plusieurs autres doivent arriver incessamment ; et vous verrez que nous sommes réellement au sein de l'abondance, quoique nous n'en jouissions pas. Mais vous en tirerez du moins cette conséquence,

que la France est, en ce moment, très-abon-
damment pourvue, et qu'elle auroit encore
assez de subsistances, quand bien même elle
auroit à essuyer quelques accidens sur la récolte prochaine.

Il ne s'agit donc que de vous faire participer à cette abondance qui est réellement au
milieu de vous.

Vous accusez bien souvent les marchands
de bled et les bladiers. Mais ne vous apperce-
vez-vous pas qu'il n'en existe plus ; et que
c'est dans le tems même où il n'en existe plus,
que vous êtes réduits à la plus grande détresse ? Il en fut de même en 1789. Les marchands de bled furent troublés, dénoncés, menacés, poursuivis de tous côtés. Il y en eut
plusieurs qui perdirent leur fortune, et d'autres qui perdirent la vie. Dès lors personne
n'osa plus faire le commerce du bled, et la
misère fut par-tout plus grande que jamais.
Regardez par-tout autour de vous en ce moment, vous ne verrez point de marchands,
vous ne verrez point de bladiers, vous ne
verrez point de magasins, et vous êtes au
même état qu'en 1789.

Un grand nombre de citoyens sentent bien

cette vérité. Mais ils s'en prennent actuellement aux cultivateurs ; c'est eux que l'on accuse de ne vouloir pas vendre, et de faire tout le mal.

Si cela étoit vrai, le bled seroit aussi cher dans les départemens abondans, que dans les départemens disetteux. Car, si aucun possesseur de bled ne vouloit en vendre, là où il est abondant, les consommateurs n'y pourroient pas plus s'en procurer que s'il n'y en avoit point du tout, et il y seroit aussi à un prix excessif. Or, c'est ce qui n'est pas. Dans les départemens de l'Aisne, d'Eure et Loire, et de Seine et Marne, où le bled est abondant, il est en ce moment (décembre 1792), à 27 et 25 livres le septier, mesure de Paris ; tandis que dans les départemens de la Creuse, de l'Isère, du Cantal, du Pui-de-Dôme, des Hautes et des Basses-Alpes qui en manquent, ou qui n'en cueillent pas, il vaut 60, 62, 64, 78 ; et jusqu'à 90 livres la même mesure.

Nous voyons d'ailleurs qu'en ce moment (décembre), nombre de marchés sont assez bien fournis par les cultivateurs même. Tels sont, entr'autres, ceux d'Étampes et d'Orléans. Je pourrois vous en citer d'autres.

Or, les cultivateurs pris en général, ne sont pas des hommes plus méchans dans un département que dans un autre.

Mais enfin vous voulez que tous les cultivateurs vous apportent tous leurs bleds dans les marchés.

Quand ils le feroient, nos frères des départemens qui n'ont pas de bled, et qui éprouvent la famine, n'en seroient pas plus soulagés, puisque vous ne voulez pas souffrir de marchands, ni de transports, les cultivateurs ne peuvent pas porter leurs grains dans des pays stériles, qui sont à cinquante et à cent lieues de leurs demeures.

S'il faut envoyer des vaisseaux de bled de Dunkerque ou du Hâvre, ou de Saint-Malo, à nos frères de Bordeaux ou de Bayonne, les cultivateurs ne peuvent pas faire ces chargemens, ni expédier ces vaisseaux ; ils ont autre chose à faire. Il en est de même des approvisionnemens qu'il faudroit envoyer par nos rivières navigables, à des villes de l'intérieur, qui en ont le plus pressant besoin. Ainsi une partie de nos frères éprouvent tous les maux de la famine, sans que ce soit la faute des cultivateurs, et sans que ces cultivateurs pussent

les

les secourir, quand bien même ils porteroient tous leurs bleds dans les marchés dont ils sont voisins, et qu'ils voudroient en faire présent aux villes et aux départemens dont ils sont éloignés. Ce n'est donc pas plus des cultivateurs que des marchands et des bladiers que provient le mal général.

Vous êtes tous persuadés que la liberté illimitée du commerce des grains est un mal, que cette liberté favorise les accaparemens, et qu'il faut la restreindre et la réprimer par les lois les plus sévères ; et vous croyez qu'avec des lois qui forceroient les cultivateurs de vendre, et qui écarteroient tous les marchands et les bladiers, vous auriez le bled à discrétion, et le pain à meilleur marché.

Eh bien ! de pareilles lois ont été faites et essayées par nos anciens rois, et par les parlemens, depuis près de trois siècles, et lorsque ces lois ont été observées, le peuple n'en a été que plus malheureux.

Vous avez entendu vos pères vous parler souvent de la misère affreuse qu'ils avoient éprouvée dans les dernières années du règne de Louis XIV. Jamais le commerce du bled ne

B

fut plus tyrannisé que sous ce règne , et jamais les famines ne furent plus fréquentes.

En 1669 , ce roi fit une loi qui défendoit de faire le commerce des grains, sans en avoir obtenu la permission des magistrats, et s'être fait inscrire dans des registres publics ; qui ne laissoit la facilité de faire ce commerce qu'à un petit nombre de personnes, et qui gênoit le commerce des grains de toutes les manières possibles. Dans le même tems , les magistrats exerçoient toutes sortes de persécutions contre les marchands de bled , défendoient de vendre ailleurs que dans les marchés , défendoient de garder des bleds vieux ; mais vos pères vous ont attesté que jamais ils n'avoient plus souffert de disettes et de famines, que dans les dernières années de ce malheureux règne.

Vous avez entendu parler, au contraire, du règne de Henri IV, comme du seul bon tems dont nos pères aient pu nous transmettre la mémoire. Les chansons et les bons mots qui nous sont restés de ce règne , et sur-tout le mot, si peu oublié, de la *poule au pot* , ne nous en ont laissé que des idées riantes.

Cependant ce roi Henri IV, quoique vaillant

et jovial, ne valoit au fond pas mieux que les autres. Il étoit ambitieux et despote, quoiqu'il fit semblant de ne pas l'être. Il n'aimoit que ses plaisirs, et avoit de très-mauvaises mœurs.

Mais par une espèce de miracle, ce Henri IV avoit un ministre nommé *Sully*, qui étoit l'homme le plus intraitable pour tous les vampires de la cour, et qui travailloit au bien du peuple, tandis que son maître ne s'occupoit que de ses plaisirs. Vous jugerez si ce Sully étoit l'ami du peuple, quand je vous dirai qu'il diminua les tailles.

Cet homme éclairé connut que l'abondance des subsistances ne pouvoit venir que de l'agriculture et de la liberté du commerce des grains ; et il favorisa l'agriculture et le commerce des grains. Il donna la liberté la plus illimitée à ce commerce, que toutes les anciennes ordonnances, fabriquées sous des tyrans barbares, avoient rendu presqu'impossible jusqu'alors ; comme il le redevint après Sully, sous les lois de Louis XIV, qui ne fit lui-même que renouveller, pour le malheur du peuple, ces vieilles œuvres de l'ignorance et de la barbarie.

Le commerce des grains jouit donc de la plus grande liberté sous le règne de Henri IV , par les soins et les lumières de Sully ; il réprima même les parlemens, ces compagnies opiniâtres et présomptueuses, qui ne trouvoient rien de bien, que ce qu'elles avoient fait ou approuvé de tout tems, et qui s'opposoient à ce commerce, comme leur morgue ignorante n'a cessé de s'y opposer jusqu'à la fin. Et ce fut sous ce régime de la plus grande activité du commerce des grains, que se passa ce tems d'abondance et de prospérité, dont nous nous sommes toujours trouvés si éloignés, toutes les fois que le commerce des grains a été gêné et interrompu.

Des hommes, ou ignorans, ou perfides, vous disent que l'assemblée constituante avoit aussi décrété la liberté du commerce des grains, et que cette liberté est un mal, puisque vous n'en êtes pas plus heureux.

Mais ce raisonnement est de mauvaise foi. Rappelez-vous les violences, les proscriptions, les assassinats même qu'on a exercés contre les marchands de bled en 1789. Rappelez-vous que la crainte et la haine publique forcèrent tous les citoyens qui faisoient alors ce commerce de l'abandonner ; et que, depuis, ils n'ont pas osé le reprendre. Rappelez-vous que, depuis quatre ans, on ne parle du commerce des grains

qu'avec exécration ; que toutes les fureurs populaires n'ont cessé de menacer quiconque
seroit tenté de le faire , et qu'elles se sont même
exercées contre ceux qui en ont été seulement
soupçonnés ; que cette crise a fait une explo-
sion plus violente encore cette année (1792),
sur-tout depuis l'été dernier ; et il vous sera
facile de voir que , quoique la liberté du commerce des grains se trouve dans les lois de
l'assemblée constituante et de l'assemblée législative, cette liberté n'en a pas eu plus de réalité
dans le fait.

Mais , direz-vous , comment peut-on conce-
voir que le commerce de bled puisse opérer le
soulagement du peuple ? Ne faut-il pas que le
prix du bled augmente , lorsqu'il ne vient au
peuple qu'après avoir passé par la main du
marchand ? Le marchand n'est-il pas maître
de le vendre aussi cher que bon lui semble,
au consommateur qui ne peut s'en passer ? Ne
peut-il pas l'emmagasiner , le cacher, et produire artificieusement une disette apparente ,
en empêchant une partie du bled de paroître
dans la circulation ?

Citoyens , ces raisonnemens , qui se présentent d'abord comme les idées les plus simples ,

ont fait le malheur de tous les peuples de l'Europe, lorsque toute l'Europe, sans lumières, ne se doutoit pas plus des effets du commerce, ni des moyens de faire naître l'abondance, qu'elle ne se doutoit de la souveraineté du peuple, et des droits de l'homme.

C'étoit ainsi qu'on raisonnoit en Angleterre, lorsqu'en 1552, on fit une loi qui défendoit d'acheter du bled pour le revendre. Mais on s'apperçut bientôt de la folie de cette loi, par les maux violens qu'elle produisoit. Et six ans après, on s'empressa de l'abolir, et d'en revenir à permettre le commerce du bled. Il est vrai que cette permission fût encore assujettie à des formalités qu'on regardoit comme des précautions indispensables, et qui rendoient ce commerce très-difficile. Mais on n'en savoit pas davantage alors dans l'Europe entière. Les guerres civiles, l'oppression féodale, tous les genres de tyrannie, et l'ignorance universelle qui ne faisoit que de mauvaises lois, accabloient les peuples de tant de malheurs à la fois, qu'ils ne pouvoient en démêler les différentes causes.

Mais un siécle après, en 1669, dans un tems où l'Angleterre étoit devenue plus éclai-

rée , et commençoit à prospérer , après avoir
porté de vigoureuses atteintes au despotisme
qui l'avoit accablée jusqu'alors , on crut voir
le secret de se procurer l'abondance , et de
faire le bien du peuple , dans la liberté la
plus entière du commerce des grains. Une loi
déclara ce commerce absolument libre dans l'intérieur de l'Angleterre ; et 19 ans après , le
bled y étoit devenu si abondant et à si bas
prix , que la législature se vit obligée d'accorder une gratification à tous ceux qui en ex-
porteroient en pays étranger. Cette loi a été
maintenue jusqu'à ce jour ; et c'est ainsi que
le peuple d'Angleterre n'a cessé d'être bien
nourri , et de prospérer depuis un siècle , mal-
gre les vices particuliers de sa constitution.

En France, depuis Sully , sous Henri IV , les
mauvais rois , les parlemens , les intendans
et les ministres , ou fripons ou mal - habiles,
n'ont cessé de chicaner , d'entraver et de vexer
le commerce des grains ; et vous savez quel
sort vous avez éprouvé , vous et vos pères.

Dans le tableau du prix du bled depuis 1756,
que je mets sous vos yeux à la fin de cet écrit,
vous voyez que, depuis 1756 jusques et compris 1765 , le bled ne monta jamais au-dessus

de 18 livres le septier , mesure de Paris. Mais alors le commerce de bled se faisoit librement et tranquillement.

En 1766 , le bled augmenta. Il augmenta encore les années suivantes , et fut à 29 , 28 et 25 livres, dans les dernières années du règne de Louis XV , c'est-à-dire , à un prix excessif pour le tems d'alors. Mais ce fut l'effet d'une manœuvre de Louis XV lui-même , qui vouloit faire renchérir les bleds exprès, afin d'avoir un prétexte d'augmenter les tailles et tous les impôts. Pour y réussir , il découragea les marchands. Il faisoit acheter des bleds au plus haut prix. Ses commissionnaires qui n'avoient point à risquer leurs propres fonds , écartoient la concurrence des commerçans, qui ne pouvoient pas rivaliser avec le gouvernement. Les intendans protégeoient ces commissionnaires , et vexoient en même tems les marchands, qui étoient obligés de se retirer ; et qui ne pouvoient plus , par conséquent , porter de bleds dans les pays que les manœuvres de Louis XV, avoient dégarnis , et où elles avoient mis la cherté.

En 1770, l'infâme abbé Terrai arriva au ministère , et il s'empressa de seconder ces infernales opérations. Mais ce fut en proclamant une

loi qui, en assujettissant les marchands de bled
à des formalités difficultueuses et humiliantes,
les obligeoit de se retirer de ce commerce,
comme ils le firent le plus généralement; et,
depuis cette époque, jusqu'à la mort de Louis
XV, le bled se soutint au prix le plus cher où
il eût jamais été jusqu'alors.

En 1774, après la mort de Louis XV,
Turgot fut ministre. Il rendit au commerce des
grains sa liberté; il rendit cette liberté entière,
illimitée, par une loi expresse de 1774, et le
bled diminua; et, depuis cette époque jusqu'en
1778, année où la France essuya une grêle
extraordinaire, la loi de Turgot fut toujours
maintenue, et le bled fut chaque année à un
prix modéré, et qui n'éprouva que très-peu de
variations, malgré les accidens et les mauvaises
récoltes de quelques-unes de ces années.

Ce sont ici les faits qui parlent. Mais pour
vous faire mieux connoître quel étoit ce ministre Turgot, qui avoit voulu établir la liberté
entière du commerce des grains, il faut vous
dire qu'il supprima les corvées, qu'il donna,
le premier, l'idée des assemblées provinciales,
qui devoient bientôt rappeler la nation à sa
souveraineté; et qu'il se fit chasser de la cour,

pour avoir voulu défendre la liberté du peuple, et abolir les fiefs.

Quand on demande que les cultivateurs vendent eux-mêmes leur bled au public, sans l'intervention des marchands, que ne demande-t-on aussi que les manufacturiers vendent eux-mêmes au public toutes les marchandises de leurs manufactures, telles que le savon, les huiles, les étoffes, les indiennes, les aiguilles, la faïence, la potterie, les planches, et mille autres objets de consommation, sans l'intervention des marchands ?

Mais tout le monde sent que le manufacturier est attaché dans un lieu, tandis que le marchand peut se porter par-tout auprès des consommateurs.

Tout le monde doit sentir aussi que le succès d'une manufacture dépend essentiellement de la surveillance et de l'assiduité du manufacturier ; il faut qu'il lui consacre tous ses soins, tous ses fonds, toute son inspection, toute sa présence, toutes ses facultés et tous ses travaux ; et quand quelques manufacturiers se mettent à détailler eux-mêmes des marchandises de leurs fabriques, le public ne les achette pas d'eux à meilleur marché que chez tous les marchands. Mais tout le monde n'en voit pas la raison ; la voici : c'est que le manufacturier qui veut détailler ses marchandises, fait alors deux métiers, celui de fabricant, et celui de marchand en détail. Il est obligé de faire une augmentation de dépenses en commis ou garçons, en magasins, en boutiques et en voyages, et un autre emploi de son temps et de ses fonds pour ses débits en détail ; et il faut qu'il retrouve sur sa marchandise, ces augmentations de dépenses, et la perte qu'il fait dans sa manufacture, qu'il ne peut plus pousser aussi loin, puisqu'il lui retire une partie de ses fonds et de ses travaux, pour les appliquer à cette seconde branche, qui est une toute autre profession que celle de manufacturier.

Le cultivateur est aussi un manufacturier de grains ; et ceux qui connoissent l'agriculture, savent également combien cette partie exige de soins, d'avances, de travaux continuels et d'assiduité.

Si vous voulez que le cultivateur vous apporte lui-même tout son bled, et vous le vende en détail, vous lui faites faire aussi deux métiers, et il faut nécessairement qu'il retrouve,

par l'augmentation du prix de sa marchandise,
les dépenses de ses voyages et de ses transports,
l'emploi de ses gens, de ses voitures et de ses
animaux, le temps qu'il dérobe à la culture de
sa terre, et le préjudice qui en résulte pour
son exploitation, qui doit nécessairement être
moins bien faite, et lui rapporter moins que
s'il n'en étoit pas ainsi détourné par d'autres
occupations.

Cette réflexion si juste, quoiqu'elle ne se présente pas d'abord à tous les esprits, doit vous
faire voir l'erreur de ceux qui demandent si
inconsidérément que les cultivateurs ne puissent vendre ailleurs que dans les marchés; et
la sottise de ces vieilles loix réglementaires
qui les y forçoient dans des temps d'ignorance, où l'on n'avoit aucune notion juste
de l'agriculture, ni des effets du commerce,
ni des différens arts.

Observez, citoyens, que si le cultivateur,
comme le manufacturier, emploient une partie de leur tems, de leurs instrumens et de
leurs fonds, à autre chose qu'à leurs exploitations, ce sont ces exploitations qui en souffrent, et le public avec elles. Car, plus une
manufacture et une culture sont soignées et

entretenues , plus il en sort de produits. Si au contraire on y emploie moins de dépenses et moins de soins , les produits en sont moins abondans.

Vous savez ce qu'on pense des cultivateurs qui font trop de charrois. On dit généralement d'eux , qu'ils sont de mauvais laboureurs , et que leurs terres ne sont pas aussi bien faites qu'elles devroient l'être. Si donc on veut que tous les cultivateurs ne fassent que courir les marchés , et qu'ils ne vendent leurs denrées qu'en détail , il faudra bien que leurs exploitations soient négligées , et que leur terres produisent moins. Jugez si c'est là un bon moyen d'amener l'abondance ?

Ainsi , si le cultivateur vous vend son bled lui-même , il ne peut vous le donner à meilleur marché que le marchand , puisqu'il faut qu'il trouve sur son débit , les mêmes profits que le marchand , comme le fait le manufacturier, lorsqu'il détaille lui-même les objets de sa fabrique.

Et d'un autre côté, ce surcroît d'occupations qui détourne le cultivateur de sa culture , doit diminuer les subsistances , et par conséquent en augmenter la cherté , puisque le prix des choses doit augmenter , lorsque leur quantité diminue. Voilà pourquoi la disette , la misère et la cherté du bled , vont toujours à la suite de tous les réglemens qui en défendent, ou qui en gênent le commerce.

Il n'est aucun de vous qui ne sache que le commerce entretient et anime toutes les manufactures ; et non-seulement le commerce sert les manufactures , mais il facilite à tout le public , et au meilleur marché possible , la jouissance des choses que l'on y fabrique.

De même, le commerce des grains entretient et anime l'agriculture , qui est la manufacture du bled , et il fait circuler le bled également dans des contrées qui en manquent, ou qui n'en recueillent pas, mais où il seroit impossible que les cultivateurs le portassent eux-mêmes.

Pourquoi le commerce est-il si favorable aux manufactures ? parce qu'il procure aux manufacturiers de prompts débouchés , et qu'il leur fait rentrer de grosses sommes à la fois, qui les mettent à même de payer plus aisément ce qu'ils doivent , et de faire les augmentations et les arrangemens les plus avantageux à leurs fabriques.

Tous ceux d'entre vous, citoyens , qui exercent différens arts, et qui sont intelligens et économes, savent combien il est plus avantageux pour leur art même, de recevoir les paiemens de leurs marchandises ou de leurs ouvrages en sommes un peu considérables, que de recevoir ces paiemens au jour le jour, par petites parties qui font peu de profit.

Le manufacturier, ou l'artisan, ou l'ouvrier, ou l'entrepreneur quelconque qui reçoit ses paiemens en grosses parties, paie plus aisément ce qu'il doit ; et il s'établit ainsi un crédit, qui lui fait trouver des ressources pour continuer également ses travaux, lorsqu'il éprouve des malheurs imprévus. Il satisfait les gens qui le servent, leur fait même des avances s'ils en ont besoin ; et dans ces deux cas, il les rend toujours plus attachés à sa maison.

Ce n'est qu'en touchant de temps en temps de ces sommes capitales, que l'artisan, l'ouvrier, l'entrepreneur, l'artiste, peuvent se pourvoir avec économie, des provisions, des matières, des instrumens dont ils ont besoin, en saisissant les temps et les occasions où l'on peut avoir toutes ces choses de la meilleure qualité, et à meilleur marché.

Ce n'est aussi que par ce moyen qu'ils perfectionnent leurs travaux et leurs entreprises, et qu'ils en rendent les produits plus abondans, et par conséquent moins coûteux pour le public. Car plus les choses sont abondantes, plus les prix en diminuent. Les montres ne coûtent pas aujourd'hui le quart de ce qu'elles coûtoient il y a 50 ans. Il n'y a pas maintenant un ouvrier ni un domestique économes qui ne puissent se donner une montre. Mais le prix de ces objets n'est si considérablement diminué, que par les grands progrès qu'a faits l'horlogerie, qui n'en ont si prodigieusement multiplié les produits, qu'en perfectionnant les moyens de ce genre de fabrique; et cet art ne s'est si rapidement perfectionné, peut-être, que parce que les artistes qui l'exerçoient, n'étoient payés de leurs ouvrages qu'en gros capitaux.

Pourquoi, citoyens, n'appliquez-vous pas de vous-mêmes à l'art de l'agriculture, des vérités si frappantes, et si bien connues de vous dans tous les autres arts? C'est que cet art merveilleux, et le plus essentiel de tous, puisqu'il vous nourrit, vous est cependant entièrement inconnu. Opprimé et avili jusqu'à la révolution, il ne se présente point encore à vos yeux

sous

sous ses véritables rapports. Des loix absurdes et funestes, pour vous-mêmes, survivent encore dans vos esprits, qu'elles ont long-tems égarés par des dispositions qui vous sembloient avantageuses, comme aux tyrans insensés qui espéroient vous faire oublier, par ces moyens, tous les maux qu'ils vous faisoient par ailleurs, quoique, sans s'en douter, ils ne fissent que les augmenter.

Un cultivateur n'est à vos yeux troublés, qu'une machine ou qu'un être passif, et trop heureux de recevoir gratuitement de la providence des productions dont vous voudriez impérieusement disposer, sans réfléchir sur les moyens qui peuvent seuls vous en assurer le retour et l'abondance.

Vos villes vous présentent une infinité d'arts, où l'adresse et l'industrie de l'homme vous paroissent supérieures à l'humanité même. Vous voyez, avec admiration, des édifices, des meubles élégans, des étoffes charmantes, des ouvrages merveilleux de porcelaine, de verrerie, d'horlogerie, d'orfévrerie, de menuiserie, de serrurerie, de clincaillerie, et des chefs-d'œuvre en tout genre de toutes les professions.

C

Au milieu du spectacle animé que forment, dans ces villes, tant d'artistes ingenieux, d'ouvriers habiles, et de citoyens vifs, spirituels, éloquens, le cultivateur n'y paroît que comme un être embarrassé et timide, étranger à vos manières, à vos usages, à votre langage, enfin ignorant, et presqu'engourdi ; et vous le jugez sur ces fausses apparences, auxquelles vous joignez encore beaucoup d'anciens préjugés.

Mais apprenez que sa profession est celle de toutes qui exige le plus de prévoyance, de sagacité, de combinaisons, de connoissances et de génie. Vous n'avez point, dans vos villes, d'ouvriers, d'artistes, d'avocats ni de professeurs, qui aient besoin de tirer de leur esprit même autant de moyens et de ressources que le cultivateur.

Dans tous les arts, les hommes font des apprentissages qui leur assurent l'exercice utile d'un état, lorsqu'ils y apportent seulement, avec une bonne conduite, une intelligence ordinaire.

Le cultivateur n'apprend d'abord presque rien des maîtres ; mais sa vie entière n'est, jusqu'à la fin, qu'un long et pénible apprentissage, pour lequel il n'a de maîtres que la nature et son génie.

C'est lui, qui, par ses observations, ses raisonnemens, ses expériences, crée seul toute
sa science. Personne n'a pu d'avance lui tracer
sa conduite, au milieu des vicissitudes continuelles des tems et des saisons. Il faut toujours
qu'il sache réparer des évènemens imprévus
par des combinaisons nouvelles. Il n'apprend
que de lui-même à connoître les caprices de
la végétation, dans le terrein qu'il cultive. Et
toutes les connoissances qu'il s'est données à
force d'attentions dans un lieu, lui deviennent
inutiles, et l'obligent de créer, pour ainsi
dire, un nouvel art, lorsqu'il est transplanté
dans un autre.

Voulez-vous savoir quelles voluptés dédom-
magent de tant d'efforts un homme aussi inté-
ressant? Il n'en connoît presqu'aucune. Tandis
que vous avez toujours sous vos yeux, dans
vos maisons, dans vos magasins et sous votre
main, vos matières, vos ouvriers, vos marchandises; le cultivateur ne tient presque rien.
Il sème dans une terre inconstante, qu'il
s'épuise seulement à préparer. C'est aux caprices de tous les élémens, et à tous les
insectes destructeurs, qu'il est obligé de con-
fier continuellement le prix de ses sueurs et de

ses épargnes , et toute sa fortune ; et d'un bout de l'année à l'autre , il n'est presque pas un moment où tous les malheurs ne semblent suspendus sur sa tête, pour le menacer de sa ruine. Le soleil ou la pluie , la gelée ou la grêle peuvent décider de son sort , et faire évanouir , en quelques instans , de longues espérances. Une mortalité sur ses bestiaux peut l'arriérer de plusieurs années, et un incendie le réduire à la mendicité ; et tous les momens de son existence sont troublés par de justes craintes.

L'aisance même , lorsqu'on la trouve dans sa maison , y est dépouillée des agrémens et de tous les plaisirs qui semblent naître en foule sous les pas des citoyens aisés , dans vos villes. Les délassemens journaliers de la société , les commodités du luxe, les récréations des arts , sont des jouissances inconnues pour lui et pour sa famille. Les nouvelles même , et les nouvelles lois qu'il a besoin de connoître , il ne peut les avoir que par un surcroît de dépenses, comme tous les objets dont il ne peut se pourvoir que dans vos cités. Il faut que l'instruction de ses enfans soit négligée , ou qu'il paie chèrement leur éducation loin de lui. Sa compagne et ses filles , en partageant ses rudes travaux , perdent le goût , les grâces et la fraîcheur , dont les vôtres oublient si rarement de se prévaloir auprès d'elles.

Tel est l'homme à qui son esprit seul doit tenir lieu de toutes les instructions , que nul n'est en état de lui donner ; que son seul courage peut soutenir au milieu de tous ses revers et de toutes ses craintes ; qui n'a d'espérance que celle de trouver , dans la disposition libre du fruit de ses travaux , le dédommagement de ses privations ; et qui a besoin , par-dessus tout , de la paix et de la liberté , pour arracher à la nature , par sa patience et son industrie , toutes les productions dont vous avez besoin.

Mais tel est l'homme en même tems , que vous poursuivez en ce moment , par tous les outrages et les dénonciations les plus insensées , et contre lequel vous voulez provoquer les lois les plus révoltantes ! Tel est l'homme que vous troublez , que vous menacez , que vous désolez, que vous consternez , et que vous forcez de haïr sa profession , lorsque vos encouragemens devroient l'y attacher pour votre salut ! et tel est l'homme dont il ne dépendroit pas de vous qu'on ne fît un esclave abruti , sans invention ,

C 3

sans énergie , ennemi du travail et de la culture , incapable de fertiliser la terre , et intéressé
plutôt à la laisser inculte , si par le plus grand
des malheurs , des législateurs , adoptant vos
réclamations irréfléchies , pouvoient partager
un instant les excès de votre aveuglement !

Citoyens , si des menaces , des attroupe-
mens , des violences pouvoient vous procurer
quelque soulagement , et contribuer à votre
bonheur , je vous dirois : menacez , rassemblez-
vous , exercez des violences ; car il n'est point
de spectacle plus ravissant pour un homme sensible , que celui de la prospérité générale.

Que feriez-vous , chacun dans votre profession, si une multitude en fureur venoit fondre dans vos atteliers , s'emparoit de vos ouvrages , en criant que ces objets lui seroient
nécessaires ; vous défendoit de les porter dans
un lieu , vous ordonnoit de les porter dans
un autre , et de les livrer à un prix fixé ; vous
faisoit un crime de les mettre dans le commerce ;
vous prescrivoit de vous en défaire , ou de les
garder ; de les lui reporter au même lieu , et
de lui en rendre compte ; vous accabloit d'accusations et d'outrages , et menaçoit continuellement vos propriétés et vos vies ?

votre réponse ne sera pas douteuse ; vous maudiriez mille fois votre état ; vous cacheriez vos ouvrages et vos marchandises ; vous n'oseriez plus les exposer en vente , de crainte d'exposer en même temps vos fortunes et vos personnes; et de ce moment , l'on en verroit paroître moins que jamais dans la circulation. Vous prendriez la résolution de n'en plus faire, afin de n'être plus exposés à une pareille tyrannie : ou si la nécessité vous forçoit de travailler encore , vous le feriez sans émulation , sans espérance ; vous n'oseriez plus risquer des avancés , dont les rentrées seroient lentes , peu profitables , et exposées à tant de périls ; et à coup sûr , il sortiroit de vos atteliers beaucoup moins d'ouvrages qu'auparavant. Jugez si ce seroit le moyen que le public en fût plus aisément pourvu ?

La révolution qui s'opéreroit dans les productions de vos arts , en pareil cas , vous l'avez effectuée en partie , depuis quatre ans , par rapport aux subsistances ; et si vos erreurs n'avoient bientôt un terme , elles vous meneroient directement à des famines continuelles qui détruiroient tous vos arts , et vous réduiroient à périr de misère , ou à vous expatrier.

Une grêle effroyable avoit ravagé les moissons dans la moitié de la France, en 1788. Ce malheur vous donna quelques inquiétudes aux approches de l'hiver. Mais les fausses mesures que prit le gouvernement dans cette circonstance, mirent toute la France en combustion, et produisirent tous les maux que vous eûtes à souffrir en 1789, et qui se sont propagés dans les années suivantes.

Au mois de novembre 1788, le gouvernement d'alors, dirigé par des charlatans incapables, rendit un arrêt du conseil, dont le préambule accréditoit toutes vos préventions absurdes contre les marchands de grains, et qui défendoit, en outre, de vendre ailleurs que dans les marchés.

Cet acte de démence jetta l'alarme dans tous les esprits. Les marchands de grains vous devinrent suspects, la circulation des subsistances fut troublée, les cultivateurs furent intimidés, les marchés furent moins garnis.

Le 15 décembre, le parlement de Paris voulut se donner l'air de s'occuper de vos maux, et il ne fit que les aggraver par un arrêt insignifiant sur les grains, mais tellement inintelligible, que ni les magistrats, ni les

citoyens ne savoient, d'après cette loi, à quoi
s'en tenir; d'où il résulta que la frayeur et la
confusion furent plus universelles. Le peuple
se crut autorisé à proscrire les marchands, et
le commerce cessa; les cultivateurs furent encore plus déconcertés, et les marchés plus
déserts.

Le peuple crioit contre les *accapareurs*; et
c'est toujours quand le commerce des grains
est détruit, que l'on imagine des *accaparemens*.

Cependant deux autres parlemens, celui de
Bourgogne et celui de Franche-Comté, soit
qu'ils partageassent encore ces pitoyables préjugés, soit que ces cours ennemies du peuple
voulussent, aux approches des états généraux,
l'éblouir en flattant ses égaremens, comme le
font aujourd'hui tant de faux patriotes, eurent
la témérité, au mois de mars 1789, de rendre
deux arrêts qui défendoient de transporter
des grains hors des pays de leurs ressorts. Ces
deux arrêts abominables pensèrent coûter la
vie à toute la ville de Lyon, qui s'approvi-
sionne ordinairement dans ces deux provinces.
Plusieurs intendans voulurent se populariser,
eu publiant des ordonnances semblables dans
leurs généralités.

D'un bout à l'autre de la France, le peuple égaré par ces perfides exemples, s'obstina, dans chaque province, dans chaque contrée, et dans chaque commune, à s'opposer à tout transport de grains. Le peuple agit ainsi partout, et il n'en fut que plus misérable. On forçoit des magistrats de taxer les bleds, on pilloit des convois, et tous étoient interceptés; mais les alarmes et les violences faisoient, comme aujourd'hui, cacher le bled dans les lieux où il en existoit; et les pays disetteux étoient aussi, comme aujourd'hui, en proie aux horreurs de la famine, sans qu'il fût possible de les secourir; et par-tout la misère fut au comble.

Il ne faut pas oublier qu'en cette année 1789, le gouvernement très-embarrassé, au milieu de ces troubles, pour approvisionner Paris, dont il avoit toujours écarté le commerce des bleds, faisoit acheter des grains de tous côtés, pour cette grande ville; les commisionnaires qui ne risquoient pas leurs fonds, achetant à tout prix, vu le pressant besoin, augmentoient la cherté et les alarmes. Le peuple s'opposoit aux transports de ces grains. Il falloit recommencer, dans d'autres provinces, de nouveaux achats, qui répandoient en tous lieux les mêmes maux ; et ces opérations contribuèrent sur-tout à multiplier les accusations d'accaparement, qui, comme dans le cours de cette année, coûtèrent la vie à plusieurs citoyens, et rendirent le commerce et la circulation également odieux et impossibles.

Depuis ce temps-là, citoyens, le commerce des grains n'a pu se rétablir, malgré les loix de l'assemblée constituante et de l'assemblée législative qui l'avoient autorisé ; et depuis ce temps-là aussi, vous n'avez cessé de souffrir des maux extraordinaires.

Dans le cours de cette année (1792), les trahisons multipliées ont renouvelé vos agitations ; et le commerce des grains qui sembloit devoir commencer à renaître au milieu de l'abondance, a été encore frappé d'une nouvelle proscription, par l'effet funeste de toutes vos anciennes préventions.

Alors de grandes villes et des départemens, qui ne peuvent être approvisionnés que par ce commerce, ont été forcés d'envoyer des commissionnaires, que l'on a regardés dans tous les lieux où ils ont passé, comme des *accapareurs*. Des approvisionnemens précipités pour nos armées, ont élevé accidentellement le prix des grains dans quelques contrées. Aussitôt de nouvelles frayeurs se sont communiquées de proche en proche. Des hommes, ou ignorans, ou perfides, qui ont passé dans vos villes, depuis la dernière révolution, ont fortifié vos soupçons, et même flatté sur ce point toutes vos erreurs. On a été jusqu'à vous persuader que des coupables, et même des assassins, qui avoient opéré sous vos maux dans le cours de cette année, en excitant des troubles, pour arrêter la circulation des subsistances, étoient les meilleurs citoyens ; et que les juges qui avoient rempli leurs devoirs, en s'opposant à leurs crimes, et en exécutant les loix à leur égard, étoient les seuls prévaricateurs.

Ce torrent de l'opinion populaire qui s'étoit ainsi perdue, a forcé l'assemblée législative, le 16 septembre, c'est-à-dire, dans un moment où, accablée des plus étranges événemens et des travaux les plus multipliés, elle ne pouvoit se livrer à aucune discussion ; de rendre une loi qui ordonnoit de faire le recensement de tous les bleds, et qui, comme à la fin de 1788, défendoit de les vendre ailleurs que dans les marchés.

Les conséquences nécessaires de toutes ces causes réunies ont été de nouvelles insurrections, de nouveaux malheurs, et l'impossi-

bilité plus absolue encore de faire circuler les
subsistances. Quelle que fût l'abondance, et
même l'immense quantité des grains dans chaque département, dans chaque district et dans
le moindre village, tous les citoyens s'exagé-
rant à eux-mêmes leurs besoins, et la crainte de
manquer, se sont traités en ennemis, en s'opposant plus opiniâtrement à tout transport de
grains.

De grandes villes, et des départemens entiers, se sont trouvés affamés sans ressource,
comme ils le sont encore en ce moment. Des
multitudes d'ouvriers, de journaliers et de citoyens effrayés, ont porté leurs clameurs tumul-
tueuses dans les marchés. Les cultivateurs troublés, menacés, tourmentés, n'ont osé exposer leurs grains sur les routes. La crainte de
toute espèce d'inquisition et de violence leur a
fait resserrer leurs denrées; et c'est ainsi que vous
éprouvez la plus affreuse misère, et tous les
maux de la famine, à la suite de la plus abondante récolte.

Mais vos violences et vos séditions, et cette
espèce de rage qui vous fait abhorrer en ce
moment le commerce des grains et leur circulation, réduisent depuis plusieurs mois, aux

calamités les plus affreuses, vos frères d'une quantité de villes et de contrées stériles en bled, qui ne peuvent y subsister que par le secours du commerce des grains et de leur circulation. Habitans des pays abondans, frémissez des maux que vous vous faites à vous-mêmes ; mais frémissez encore plus des horribles extrémités où vous réduisez ailleurs vos concitoyens, et vos frères ! Je pourrois déchirer vos cœurs par des récits navrans, où vous seriez forcés de reconnoître vos œuvres : mais j'aime mieux appeller votre attention sur un fait d'un autre genre, qui peut ranimer l'espérance dans vos esprits, et y porter quelque lumière.

La ville de Châtellerault, située sur une rivière navigable, et aux confins de plusieurs *ci-devant* provinces, est une ville d'entrepôt, c'est-à-dire, une ville où les bleds s'apportent et s'exportent, par le moyen du commerce, lorsque ce commerce est libre, comme beaucoup d'autres villes de la France, telles qu'Orléans, Auxonne, Castelnaudari, etc.

En 1785, la récolte avoit absolument manqué dans le pays de Châtellerault, et dans plusisurs des provinces qui l'avoisinent, telles que le haut Poitou, le Berry, la Marche, le Limousin et l'Angoumois. Dès le commencement de l'hiver , des marchands commencèrent à enlever des bleds à Châtellerault , pour l'approvisionnement de ces provinces. Les citoyens du pays , voyant qu'il ne s'y étoit pas recueilli de subsistances pour les nourrir eux-mêmes , et fort inquiets sur les moyens de passer leur année, s'alarmèrent de ces enlevemens , qui se faisoient avec toutes les libertés qu'autorisoient les lois d'alors. Les marchands achetoient les bleds dans les marchés , ils en achetoient dans les campagnes , ils en achetoient jusques sur les chemins , en allant au-devant des cultivateurs et des bladiers qui en amenoient.

J'étois alors premier magistrat de cette ville, et chargé de la police. On me dénonça ces opérations comme des crimes , ou tout au moins comme des désordres que je devois réprimer. Les pauvres citoyens sur-tout s'empressèrent de m'exposer leurs craintes et leurs vœux sur ce sujet.

Je leur fis connoître d'abord la loi de Turgot, de 1774 , qui défendoit formellement aux magistrats., de troubler et de gêner en aucune manière le commerce des grains , sur tel prétexte que ce fût. Je leur expliquai ensuite la sagesse

de cette loi , dont j'avois attentivement observé
tous les effets.

“ Vous êtes bien convaincus , leur dis-je ,
” que notre pays suffira à peine pour nous
” nourrir , dans le cours de cette anné : il
” faut nous résigner d'avance à payer le bled
” plus cher qu'à l'ordinaire , puisque nous
” n'en avons pas suffisamment. Mais si nous
” gênons le commerce du bled ici , il ne nous
” en viendra point d'ailleurs , car le commerce
” ne porte abondamment que là où le com-
” merce se trouve libre et tranquille. Con-
” sidérez ce mouvement de commerce qui
” vous effraie , comme une foire. Quand une
” foire se tient dans un lieu , plus les af-
” faires s'y font facilement, plus il s'y fait
” d'affaires. Plus on sait qu'il s'y rendra d'a-
” cheteurs , plus il s'y rend de vendeurs :
” et jamais les gens du lieu où se tient la
” foire , ne manquent des marchandises qui
” y sont apportées. Les cultivateurs où les
” bladiers qui vendent leur bled dès qu'ils ont
” le pied à l'entrée des fauxbourgs , ou même
” avant d'y être arrivés , le donnent à meilleur
” marché, que s'ils étoient obligés de perdre
” du tems à attendre dans la ville , et d'y faire

” beaucoup

» beaucoup de dépenses. Et cette facilité de
» vendre si promptement, les encourage à
» apporter des mêmes marchandises les jours de
» marchés suivans. » Enfin je fis entendre que
toutes les entraves qu'on imagineroit, ne
feroient qu'éloigner l'abondance et accroître
la misère.

Ces pauvres citoyens qui me confioient ainsi
leurs alarmes et leurs craintes, je ne leur
disois pas avec emphâse que j'étois *l'ami du
peuple*; mais ils voyoient tous les jours ma
conduite, et j'avois leur confiance. Ils me cru-
rent, et tout fut tranquille. Nous laissâmes
les choses aller d'elles-mêmes, comme la loi
nous l'ordonnoit; et le commerce de bled se
fit; tout l'hiver et tout le printems, avec cette
absolue liberté que l'ignorance appelle une
licence effrénée. Les marchands alloient au-devant des vendeurs, ils arrhoient, ils emma-
gasinoient, ils exportoient où et quand bon
leur sembloit. Mais les magasins, mais les
routes, mais les marchés ne désemplissoient
pas. Le bled s'en alloit vers les pays qui avoient
besoin d'en tirer. Mais il en venoit encore davantage de ceux où il y en avoit à vendre.
Ce fut un mouvement continuel, et une foire

continuelle de bled. Les marchands , les auber-
gistes , les cabaretiers , les voituriers , les porte-
faix , les ouvriers , les débitans de toutes sortes
de marchandises , firent tous leur profit au
milieu de ce concours. Tous les travaux allèrent;
tout le monde gagna sa vie. Le bled , qu'au
commencement de l'hiver tout le monde avoit
jugé devoir renchérir au moins d'un quart en
sus de son prix ordinaire , ne monta jamais
plus haut qu'un septième en sus de ce prix
ordinaire ; et quand nous fûmes arrivés à la
récolte suivante, chacun se trouva tout étonné
d'avoir passé aussi aisément et aussi gaîment
une année, que l'on s'étoit représentée d'avance
avec le plus grand effroi.

Le bled est une chose dont on ne peut
pas se passer ; cela est incontestable. Mais les
moyens qui peuvent en procurer le plus aisément au peuple , ne sont pas différens des
moyens qui peuvent lui procurer aussi le plus
aisément tous les autres objets qu'il emploie,
ou qu'il consomme. Les loix qui mettent la
société à même d'avoir , avec plus de facilités,
les objets manufacturés , sont celles qui en favorisent le plus les manufactures et le commerce. De même les loix les plus propres à

(51)

vous procurer du bled abondamment , sont
celles qui favorisent et protégent l'agriculture
qui le produit, et le commerce qui vous
l'apporte.

Je vous ai rappelé combien il vous étoit
nécessaire , pour le soutien de vos métiers
et pour les accroissemens de vos fabriques ,
d'avoir de gros débouchés , et de recevoir des
paiemens en gros ; j'ajouterai ici qu'il importe
également aux progrès de votre industrie et
à la multiplication de vos ouvrages , que vous
puissiez faire vos spéculations en toute liberté ,
et choisir vous-mêmes vos débouchés, suivant
vos convenances particulières . qu'aucune loi,
qu'aucune autorité ne peut connoître mieux
que vous-mêmes. On ne pourroit ni vous
limiter ces débouchés , ni vous tyranniser dans
vos spéculations , sans nuire à vos travaux,
et par conséquent à la société toute entière. Il
en est de même de la profession des cultivateurs.

C'est toujours par la rentrée de ses capitaux en masses , et par la liberté de ses spéculations , que le fabricant conduit ses travaux avec avantage , et qu'il en multiplie de
plus en plus les produits.

D 2

C'est aussi par les mêmes moyens , que le
cultivateur trouvant ses avantages dans ses exploitations , acquiert les facultés et le désir de
multiplier les productions de la terre. C'est
par ces moyens qu'il augmente ses bestiaux ,
ses engrais , ses fourages , ses défrichemens ,
et qu'il étend son industrie et ses entreprises ;
et ce qui est bien important , c'est qu'il ne
peut que par ces moyens , se ménager des
ressources pour que sa culture ne soit point
arrêtée , lorsqu'il éprouve des pertes ou des
revers , ou que les consommateurs n'ont pas
besoin d'acheter. Car vous parlez à votre aise,
vous qui voudriez que le cultivateur fût toujours à vos ordres, et qu'il ne pût traiter
qu'avec vous ; tandis que dans les tems ordinaires , vous rebutez sa denrée , et que vous
le laisseriez périr avec elle , si le commerce ne
venoit pas le secourir. C'est sur-tout dans de
pareils cas , qui sont pour lui si fréquens ,
que le peuple auroit à souffrir de sa détresse
et de son inaction , s'il n'existoit pas des marchands sur lesquels il pût compter, soit pour
leur vendre tout de suite , dans ses momens
de besoin , soit pour trouver chez eux des
avances ou des emprunts.

Citoyens, ils déraisonnent, ou ils vous trompent, ceux qui vous disent que le profit du marchand de bled ne se fait qu'aux dépens du peuple. Le marchand qui procure au cultivateur des débouchés simples et faciles, achète toujours de lui à meilleur compte que ne pourroit le faire le consommateur : comme tous les marchands qui achètent en gros des marchandises dans vos manufactures. Jugez-en chacun par vous-même ? Que ceux d'entre vous, qui exercent des arts et métiers, disent s'ils n'accordent pas des bénéfices considérables aux marchands qui achètent de grandes quantités de leurs ouvrages, sur-tout à ceux qui, étant dans l'habitude de s'adresser à eux de préférence, leur assurent des débouchés plus certains ? Ce n'est donc pas sur le peuple consommateur, mais sur les fabricans et sur les cultivateurs que se prennent les profits des marchands. Mais les fabricans et les cultivateurs y gagnent encore, par les avantages incalculables qu'ils trouvent à retirer facilement leurs fonds, sans se détourner de leurs travaux ; et c'est cet arrangement même qui, dans toute société, entretient l'abondance de toutes choses, et fait le bonheur du peuple.

D 3

Quand vous entendez dire, avec tant de vérité, que le commerce est avantageux aux hommes en général, ce n'est pas seulement parce que le commerce enrichit quelques marchands. Mais le commerce fait prospérer les sociétés, parce qu'il répand également dans toutes leurs parties, et à des prix proportionnés, toutes les choses qu'on n'auroit que difficilement, très-chèrement, ou point du tout sans lui, et qu'il entretient et vivifie les sources qui les produisent.

Nous sommes à dix-huit cents lieues de l'Amérique qui produit le sucre, le coton et le café : et par le commerce, ces objets sont aussi communs dans toute la république, que si le sol les produisoit dans chaque canton. Et le commerce en entretient, et même en accroît la culture dans nos colonies. Le commerce nous apporte les mousselines des Indes, et le commerce favorise les manufactures qui les produisent.

Le commerce des soieries favorise, en France, la culture des mûriers. Le commerce des huiles favorise la culture des oliviers et des noyers. Le commerce des arbres favorise les pépinières. Le commerce du bétail favorise la multiplication du bétail. Le commerce des fruits favorise la culture des arbres fruitiers. Le commerce des vins favorise la culture des vignes. Et enfin le commerce du bled favorise la culture du bled ; et jamais nos pères n'ont éprouvé plus de disettes, que quand le commerce du bled a été détruit ou gêné.

Sans le commerce, vos manufactures, et la plupart de vos métiers, cesseroient d'être entretenus, et tomberoient. De même, sans le commerce des grains, l'agriculture seroit négligée, et la terre produiroit moins.

Sans le commerce, la plupart de nos contrées n'auroient ni les huiles des pays méridionaux, ni les vins des pays vignobles, ni les laines abondantes dans quelques départemens, ni la viande que leur fournissent les cantons abondans en paturages.

Et sans le commerce des bleds, les habitans des pays qui n'en recueillent pas, mourroient de faim ; et il faudroit que des départemens entiers fussent abandonnés, et restassent déserts.

Comme tous les pays, même fertiles en bled, n'en produisent pas également dans toutes les années ; comme quelques-uns d'eux éprouvent chaque année des accidens ; il faudroit que chaque contrée, même fertile en bled, éprouvât la famine à son tour, si le commerce de bled ne se faisoit pas.

Sans ce commerce, les contrées abondantes cesseroient d'avoir du superflu, parce que l'agriculture ne produiroit que ce que le cultivateur trouveroit à débiter parmi les consommateurs de son voisinage.

Mais en même tems la plupart de nos villes s'anéantiroient ; et il n'y auroit plus de subsistance assurée, que pour un petit nombre de citoyens qui seroient dans quelques cantons, autour des métairies et des fermes.

Mais que deviendroient les cultivateurs de ces cantons fertiles, avec leur bled, puisqu'ils ne pourroient avoir ni les vins, ni les huiles, ni les animaux, ni tous les objets qui ne leur parviennent qu'en retour de leurs bleds surabondans, par le moyen du commerce ? Leur existence seroit misérable, et ils ne pourroient soutenir leur culture.

Vous regardez cependant le commerce des grains comme votre fléau ; et les marchands, et les bladiers, comme vos ennemis ! c'est comme si vous regardiez comme une cause de la ruine publique, les marchands et les colporteurs qui débitent et transportent en tous lieux, suivant les besoins, vos ouvrages et vos marchandises. Jugez si, en proscrivant ces marchands et ces colporteurs, vos arts seroient plus florissans, et le public mieux approvisionné de vos ouvrages ?

Mais il faut répondre plus directement à vos objections.

Les marchands de grains vous paroissent redoutables, parce que, dites-vous, ils peuvent s'entendre, et resserrer leurs marchandises pour les faire monter à un prix excessif.

Le bled que produit la France, ne vient pas uniquement dans un canton appartenant à un petit nombre de propriétaires. Les contrées qui en produisent, sont très-multipliées, et situées à toutes les extrémités, et dans toutes les divisions de la république. Dans chacune de ces contrées, les terres qui produisent le bled se trouvent divisées entre de gros et de petits propriétaires. Le nombre des uns et des autres est presqu'innombrable. Les uns ont besoin de vendre sur-le-champ, les autres au bout de quelques mois, les autres gardent plus long-tems dans les tems d'abondance, et leurs réserves font le salut public dans les années de disette. Les uns trouvent plus d'avantage à vendre dans les marches, les autres à attendre ou à rechercher les marchands ou les bladiers.

Mais si le bled se trouve partagé entre une si grande immensité de propriétaires, de fermiers, de métayers, de marchands et de bladiers, placés dans tant de pays différens, à de si grandes distances les uns des autres, et presque sur tous les points de la république, une ligue entr'eux tous ne seroit-elle pas la supposition la plus extravagante ?

Si quelques marchands, en resserrant les bleds dans un canton, pouvoient en faire monter le prix, tous les marchands et les propriétaires des pays voisins, où le bled seroit moins cher, s'empresseroient d'envoyer les leurs, pour profiter de cet avantage ; et leur concurrence non - seulement feroit baisser le prix pour eux-mêmes, mais encore forceroit les autres de renoncer à leurs projets, en les rendant inutiles.

C'est cette concurrence qui fonde la sûreté publique contre les abus du commerce de tant

d'objets qui sont d'une nécessité indispensable,
tels que les savons , les huiles , les étoffes ,
les toiles et une infinité d'autres choses.

Mais il n'y a pas une seule de ces choses
qui soit aussi divisée , aussi répandue , aussi
multipliée , ni aussi abondante que les grains,
ni par conséquent dont le commerce libre
ait moins d'inconvéniens.

Si dans l'immense quantité des marchands
et des possesseurs de cette denrée , il en est quelques-uns qui ne veulent pas vendre , pour attendre d'autres circonstances , cela même est un
bien. Car si tout le bled étoit en vente a la fois,
on le feroit manger aux bestiaux et aux poules ,
et il ne resteroit point de réserves pour les années de disette , ni même pour aller jusqu'à
la récolte suivante. Le plus grand nombre se
trouve néanmoins dans la même position que
tous les autres marchands ou fabricans , qui
sont forcés de vendre pour retirer leurs fonds ,
satisfaire à leurs engagemens , éviter les frais
d'entretien et d'enmagasinement que leur
coûtent leurs marchandises , et pour prévenir les déchets qu'elles éprouvent. Or , il
n'est pas d'objet de commerce qui soit plus

sujet à ces inconvéniens que le bled. Et c'est ainsi que les marchands sont forcés de vendre, les uns par les autres, et par leur concurrence, et par la nature même de leur marchandise.

Observez encore qu'il existe derrière ces marchands et ces possesseurs, une cause terriblement puissante qui les force de se défaire de leur marchandise, sur peine de se voir ruinés. Cette cause est le retour continuel des récoltes, qui, en accumulant les grains dans la société, les feroit tomber à vil prix, si avant ces récoltes, ils ne se débitoient pas, pour la plus grande partie, aux consommateurs. De sorte que ces fermiers et ces marchands, dont vous croyez les intérêts si opposés aux vôtres, sont intéressés au contraire à favoriser la consommation chaque année, en cherchant de tous côtés des débouchés.

Si vous pouviez examiner les correspondances des marchands de grains, lorsque ce commerce est libre, vous y verriez la preuve de cette vérité ; vous y verriez que tous leurs soins se réduisent à se faire informer des lieux où le bled est à bon marché, et de ceux où il est rare et cher ; enfin, d'en acheter dans les uns , pour le porter dans les autres. Que trouvez-vous donc là d'odieux et d'inhumain ? Mais ce n'est point par les efforts d'une vertu héroïque, qu'ils agissent ainsi : c'est pour leur intérêt, comme tous les autres marchands dans tous les genres de commerce possibles, et comme vous tous , qui exercez différentes professions. Personne ne prend une profession , ni un métier quelconque, pour faire présent de son tems, de ses travaux et de sa fortune au public. Il s'agit seulement de savoir si une telle profession est nuisible au peuple? Or, il n'en est point qui lui assure plus constamment sa subsistance, que celle du marchand de bled. D'un côté, il soutient l'industrie du cultivateur qui le fait naître ; et de l'autre , il porte des vivres à tous ceux qui en ont besoin. Citoyens , je vous répéterai souvent ce mot : jamais vous n'avez plus cruellement souffert pour vos subsistances, que depuis quatre ans ; et c'est depuis quatre ans que vous avez tué le commerce des grains , et forcé tous les marchands de bled de disparoître.

Lorsque vous voyez du bled sortir de votre canton particulier, pour être transporté dans un autre , vous vous soulevez contre ce transport, et vous l'arrêtez , parce que, dites-vous , ce bled que l'on nous enlève , nous ne l'aurons plus , et il faudra que nous mourrions de faim.

Ce raisonnement d'enfant , ou de sauvage , est indigne , je ne dirai pas d'un peuple républicain , mais d'un peuple seulement industrieux , commerçant et civilisé. Il ne faut que savoir compter pour en sentir la mauvaise-foi ou l'absurdité. Un marchand , ou toute autre personne , n'enlève des grains dans un pays, que parce que ce pays est abondant , ou qu'il est fourni facilement par d'autres pays abondans , qui sont à sa portée. Mais à moins d'être fou , un marchand ne s'aviseroit jamais de transporter des grains hors d'un pays qui en manqueroit , ou qui seroit sur le point d'en manquer. Car si c'est ce pays qui manque , le prix étant pour lors très-cher , par le seul effet de la disette , ou par la crainte d'une prochaine disette , il est de l'intérêt du marchand d'apporter dans ce pays même et d'y vendre , et non pas de le degarnir.

Si ce pays est seulement peu approvisionné , et qu'il n'ait pas derrière lui quelque contrée abondante , le marchand a encore le même in-

térêt, celui de vendre, dans ce pays , ce qu'il
peut avoir ; et même de faire venir du bled
d'ailleurs , s'il n'en a pas lui-même.

Il n'y a donc que le délire et le plus honteux
abrutissement , qui puissent faire croire à des
hommes que des transports de grains vont les
faire mourir de faim , puisque ces transports
ne peuvent jamais être entrepris que dans des
pays très-abondans , ou appuyés à des pays très-
abondans , d'où le bled peut venir avec facilité.

Mais le délire est bien plus extrême , lorsque les grains viennent d'un autre pays que
celui où l'on se permet de les arrêter. C'est
alors que le crime et la folie sont au comble.

Si le bled que vous arrêtez vient d'un pays
qui n'est pas le vôtre , comme celui que des
grandes villes tirent quelquefois de l'étranger ,
ou de quelques pays fertiles qui sont éloignés
de vous , comme d'elles ; d'abord vous ex-
posez inhumainement vos frères à périr , par
la raison bien claire que ce bled ne se trans-
porte que là où d'autres hommes en ont besoin.

En second lieu, vous attirez sur vous-mêmes
les plus grands malheurs ; ar caprès vous être
satisfaits un petit nombre de fois , par de tels

excès , le bled change naturellement de route ,
et l'on ne vous en apporte plus.

Ce que je dis ici se trouve confirmé en ce
moment par l'expérience. Il existe plusieurs
villes qui avoient auparavant des marchés
abondans, mais qui n'y voient plus venir de
bled , parce qu'on y a gêné les cultivateurs et
les marchands , et qu'on a violé leurs propriétés ; tandis que de petits villages oubliés
sont devenus tout-à-coup de gros marchés ,
parce que le peuple y étant plus tranquille et
plus sage , a invité le bled à s'y rendre , par la
seul attrait de la liberté.

Ces transports de grains , qui se font ordinairement dans des villes d'entrepôt et de passage , y entretiennent un commerce dont tous
les citoyens profitent, en même tems qu'ils assurent leur subsistance. Tant que le bled y
passe librement, la même liberté y facilite les
approvisionnemens. On n'a jamais manqué
au milieu d'un pareil concours ; et tous les
arts , et tous les ouvrages sont animés par ce
commerce.

Mais supposez maintenant deux départemens
voisins , dont l'un ait du bled , et l'autre n'en

ait

ait pas. Il faut de deux choses l'une, ou que tous les deux partagent également ce qui se trouve dans un seul, ou que vos frères, dans celui qui n'en a pas, soient détruits par la famine.

Je ne crois pas tous ceux qui s'opposent aux transports des grains, également coupables de cet égoïsme exécrable; mais cependant ils en produisent à-peu-près l'effet, par leur aveugle opiniâtreté.

Les marchands ne peuvent entreprendre de transporter des bleds du département A qui en a, dans le département B qui en manque, que parce qu'ils doivent le vendre plus cher dans l'un qu'ils ne l'auront acheté dans l'autre. Mais à mesure que le bled arrivera dans le département B, le prix y diminuera, jusqu'à ce que ces deux départemens se trouvent à-peu-près également partagés, et que le prix soit à-peu-près égal des deux côtés. Or, quel intérêt auroient alors les marchands de dégarnir le premier département jusqu'au dernier grain, en y achetant pour lors le bled à un prix excessif, pour le porter dans le second, où cette opération en feroit tomber le prix de plus en plus? Ils se ruineroient eux-mêmes par ce re-

E

virement insensé, et cette supposition est d'une extravagance révoltante.

Il est clair qu'il faut que le marchand arrête ses achats et ses transports, dès que le pays où il porte, se trouve autant pourvu à-peu-près, que le pays d'où il tire ; et qu'alors, dans l'un et dans l'autre, les subsistances et leurs prix se trouvent au même niveau. Mais où est donc le crime de ce nivellement? Tous les citoyens françois ne sont-ils pas frères? Ne se doivent-ils pas la communication de tous les secours, et le partage égal de toutes les charges? Toutes les contrées de la France ne sont-elles pas sujettes à éprouver alternativement les mêmes vicissitudes? Celle qui se trouve dans l'abondance cette année, ne peut-elle pas être dans la disette l'année prochaine? Trouveroit-elle juste alors que tous ses voisins empêchassent qu'on ne lui portât de leurs grains? Ne trouveroit-elle pas ce procédé inhumain et abominable? Eh bien! voilà le sort que vous faites subir aux autres, et que vous vous préparez pour vous-mêmes.

Dans les pays qui produisent particulièrement différens objets nécessaires à la vie, le peuple n'auroit aussi qu'à s'opposer à leurs transports, soit de peur d'en manquer, soit afin de les avoir à meilleur compte. Il pourroit dire aussi : *ces objets que l'on nous enlève, nous ne les aurons plus, ou ce qui nous restera, nous le paierons plus cher* : et avec ce raisonnement, on retiendroit tous les vins dans les contrées vignobles, toutes les huiles dans les cantons à oliviers, tout le beurre et tous les bestiaux dans les pays de paturages, toutes les laines dans les contrées qui en produisent, toutes les étoffes et toutes les toiles dans les villes de manufactures, et tout le fer dans les environs des forges à fer. Vous voyez de vous-mêmes l'état affreux où tomberoit un grand peuple qui se conduiroit ainsi.

Voilà pourtant ce que vous faites avec aussi peu de sagesse et de justice, à l'égard des bleds! Le bled est d'une nécessité plus indispensable que tout le reste : et c'est une raison de plus pour qu'on ne puisse s'opposer à sa circulation, sans être insensé ou barbar ; puisque, si cette circulation est arrêtée, il faut que des villes et des départemens, et la moitié de nos frères, soient réduits à périr. N'ouvrirez-vous donc point les yeux, citoyens, sur ces erreurs déplorables qui font votre misère, mais qui rendent plus malheureux encore des millions de vos frères, qui ne souffrent que par vos excès, et que vous invitez vous-mêmes à user de représailles envers vous, dans d'autres circonstances ! et c'est ainsi que se traitent des François, qui jurent tous les jours de s'aider, et de se défendre les uns les autres jusqu'à la mort ! Ils parlent de verser leur sang pour leurs frères, et ils les laissent en proie aux horreurs de la famine, par le faux calcul d'avoir le pain, pour eux-mêmes, à quelques deniers de meilleur marché.

Dans les départemens abondans, vous vous agitez, vous vous déchirez, vous vous arrachez les subsistances, vous en arrêtez toute communication, de chaque district, de chaque canton, de chaque commune et de chaque ville à l'autre ; le commerce et la circulation sont anéantis par vos troubles. Les cultivateurs accusés, consternés n'osent aborder vos marchés, où ils ne trouvent que le désordre, les menaces et la violence. Vous fouillez dans leurs maisons, vous les forcez de vous rendre compte de leur industrie, vous voulez disposer arbitrairement du fruit de leurs travaux ; et ils le resserrent, et ils vous fuient par ce premier sentiment de défiance et d'indignation qui est dans tous les hommes, et que vous manifesteriez tous vous-mêmes, si vous éprouviez une pareille inquisition.

Et c'est au milieu de ces déchiremens, c'est par l'effet de vos agitations et des frayeurs que vous inspirez, que le bled renchérit, qu'il disparoît de vos marchés, et que vous ne voyez autour de vous que la disette, tandis que l'abondance y existe ! Mais fûtes-vous jamais réduits à de semblables extrémités, lorsque le cultivateur disposoit de ses grains en liberté, et que vous laissiez le commerce et la circulation s'effectuer en paix ?

D'un autre côté, votre intolérance pour le commerce et pour la circulation, a produit la famine qui ravage nos contrées méridionales, et nombre de cantons qui ne recueillent pas de grains ; c'est-là que le pain le plus grossier se paie depuis six sous jusqu'à huit sous la livre ! C'est-là que des milliers de vos frères, dans les villes et dans les campagnes, sont réduits à disputer la pâture des bêtes, et qu'ils périssent misérablement par la faim, parce qu'il n'existe pas de subsistances autour d'eux, et que le commerce qui seul pourroit les nourrir, ne peut rien leur porter.

Vous avez appris une partie de ces malheurs. Mais au lieu d'en reconnoître la cause dans vos erreurs, vous n'avez fait que vous jeter dans des erreurs plus multipliées. Vos imaginations se sont portées d'égaremens en égaremens ; et chacun a proposé comme des remèdes salutaires, toutes les idées meurtrières, qui, sous un jour spécieux, flattoient vos esprits abusés.

Vous avez crié contre les accaparemens ; et il n'y a point d'accaparemens ; et il ne peut pas y en avoir. Un accaparement ne peut se faire que par un privilége exclusif, et la loi ne connoît plus de priviléges exclusifs. Un accaparement ne peut se faire que sur des objets qui n'existent qu'en petites quantités, et que l'on peut aisément acheter en totalité ; or il n'existe point de matière dont les quantités soient aussi immenses, que le bled. La république françoise même ne pourroit accaparer les grains qu'elle renferme, car ce bled est répandu par-tout, et il faudroit deux milliards. Les possesseurs de cette denrée sont par centaines de milliers, placés dans toutes les parties de notre territoire , où ils ne peuvent s'entendre et se réunir pour un seul projet. Leurs facultés diverses , leurs situations , leurs affaires différentes , les obligent tous à des combinaisons différentes , et à des arrangemens opposés.

Toutes les marchandises qui existent dans une société , ne peuvent pas s'y vendre toutes à la fois. Elles paroissent comme d'elles-mêmes , lorsqu'elles peuvent s'approcher librement de tous les consommateurs ; mais elles fuient les troubles et les menaces. Si le calme se rétablissoit promptement au milieu de vous ; si la liberté que vous avez conquise par votre courage , pouvoit s'étendre jusqu'au commerce des grains , qui peut seul sauver tant de vos frères malheureux , et vous-mêmes ; si la circulation étoit protégée par vous , contre tous les malfaiteurs , les agitateurs et tous les ennemis du bien public , qui vous trompent pour la troubler ; alors les ventes seroient plus faciles , elles se multiplieroient , les vendeurs accourroient au devant de vous , l'abondance seroit par-tout , le prix des grains diminueroit , et vous verriez s'évanouir toutes vos visions d'accaparemens.

On a proposé de défendre de vendre ailleurs
que dans les marchés. Je vous ai fait sentir les
inconvéniens , l'impossibilité même de ce
moyen. Il fut employé , pour le malheur de
vos pères , sous vos plus mauvais rois ; il fut
employé par les parlemens , vos tyrans et vos
ennemis ; il fut employé par un ministère
ignare , en 1789 , et vous n'en fûtes que plus
malheureux. Les marchés se garnissent naturellement quand les citoyens sont tranquilles.
Mais s'il falloit n'acheter que dans les marchés
les bleds nécessaires pour les approvisionnemens de nos grandes villes , de nos armées et
de plusieurs de nos départemens , il faudroit
dégarnir une infinité de marchés pendant des
mois de suite ; vous vous croiriez trahis et
perdus ; et ce seroit pour lors que vous crie-
riez , avec encore plus de violence , aux accaparemens.

On a proposé de forcer les cultivateurs de
vendre tous leurs grains , dans des tems dé-
terminés. Mais avec ces moyens tyranniques
on étouffe l'industrie de l'agriculture , d'où
dépend votre subsistance. Personne ne veut
être forcé sur la disposition du fruit de son
travail. Personne ne veut , ni ne doit être l'es-

clave de ses concitoyens : et vous détesteriez tous vos atteliers ; vous renonceriez à vos entreprises ; vous n'auriez plus ni espérance ni courage , si , chacun dans vos professions , vous étiez gouvernés par une pareille loi. Ce moyen feroit abhorrer l'agriculture , et changeroit bientôt toutes les terres à bled , en déserts.

On a proposé de faire porter tous les bleds des campagnes dans des magasins, qui seroient gouvernés par des hommes *choisis par le peuple.*

Citoyens, lorsqu'il a des places et des emplois à donner, le peuple se trouve toujours avoir beaucoup d'amis ; mais lorsqu'il s'agit d'exercer des emplois comptables avec fidélité , il se trouve aussi que le peuple a toujours très - peu d'amis.

Il faudroit d'abord payer des magasins et leur entretien. Puis les transports des bleds, qui ne s'y feroient pas pour le compte du peuple , avec la même économie que les font les propriétaires ou les marchands pour leur compte particulier. Puis payer les soins et la garde du bled ; car ce n'est pas une marchandise qui se garde sans soins et sans dépenses. Puis décompter les déchets et les accidens ;

car c'est une marchandise dont la quantité diminue dans les magasins. Pour toutes ces pertes et ces dépenses, il faudroit s'en rapporter à des agens qui pourroient abuser, ou manquer de soin et de vigilance, sans qu'on pût les en convaincre. Or, il faudroit que toutes les dépenses (qui ne seroient pas ménagées) et toutes les friponneries, fussent prises sur la chose, en vous faisant payer le pain plus cher.

Mais il resteroit en outre l'inconvénient le plus grave, et dont ne paroissent pas se douter tous les faiseurs de ces projets, celui d'anéantir l'agriculture, et de frapper de stérilité la terre: car la terre n'ouvre libéralement son sein qu'à une industrie libre ; et il n'est pas un seul genre d'industrie qui puisse supporter d'être forcé par les autorités.

Tout le monde reconnoît aujourd'hui que l'oppression féodale a nui à la fécondité des terres ; quelle étoit, en France, la principale cause de la ruine du peuple, avant qu'elle fût abolie ; et qu'elle produit une misère générale dans tous ceux des pays de l'Europe où elle existe encore. Or, on ne feroit que rétablir ce régime sous une autre forme, si on réalisoit tous ces projets insensés. Qu'importe

en effet aux cultivateurs qu'ils soient tyran-
nisés par des seigneurs ou par des magistrats ;
et que les fruits de leurs peines leur soient
enlevés par les uns ou par les autres , dès qu'il
ne leur sera pas permis d'en disposer ? Voulez-vous remettre les cultivateurs dans l'état
d'humiliation , de contrainte et de découragement où ils avoient vécu autrefois ? voulez-vous
chasser tous les habitans des campagnes , et
les voir végéter inutilement dans vos villes ,
en laissant leurs terres à des mercenaires qui
ne les cultiveront qu'à regret ? voulez-vous voir
les campagnes désertées , les domaines nationaux décrédités , les domaines particuliers tom-
bant en ruine , la culture dédaignée et aban-
donnée , les journaliers sans secours et sans
travail , et tous les capitaux consacrés à l'agiotage au lieu d'être reversés sur l'agriculture ?
enfin , voulez-vous voir la richesse et la prospérité fuir loin du territoire françois ? ordonnez
qu'on livre exclusivement en vos mains les
productions de la terre ; créez des légions d'ins-
pecteurs , de commis , d'employés , d'inquisi-
teurs subalternes , pour épier et tourmenter
les cultivateurs ; ne laissez aucune spéculation
à leur industrie , aucune liberté à leurs com-

binaisons, aucun espoir à leurs efforts, aucun honneur à leur existence ; faites-en vos comptables de leur propriété même, vos tributaires, vos serfs ; vous aurez bientôt recréé la plus monstrueuse féodalité ; et vous ne serez pas long-tems sans en recueillir les fruits.

Il me seroit impossible de discuter en détail toutes les opinions extraordinaires qu'ont enfantées des imaginations travaillées, ou du désir perfide d'entretenir vos méprises, ou de la présomption orgueilleuse de créer des nouveautés. Dans toutes les conceptions de l'esprit humain, la vérité n'a qu'une voie, tandis que l'erreur en a presque toujours mille. Mais les voies de l'erreur se présentent presque toujours comme les plus faciles, tandis que la raison a besoin des plus grands efforts pour nous conduire à la sienne ; et c'est delà qu'est venue cette ancienne maxime, *qu'un ignorant a plutôt débité cent sottises, qu'un philosophe n'a démontré une vérité.*

Les opinions dont je veux parler, se réduisent, les unes, à diviser forcément les propriétés ; les autres, à les attaquer.

Citoyens pauvres ! c'est à vous sur-tout que je m'adresse ici, parce que c'est vous que l'on cherche à perdre, en abusant des mots. La classe pauvre étant malheureusement la plus nombreuse, ce seroit dans cette classe même que la subversion de la société trouveroit le plus grand nombre de victimes.

Je ne vous dirai point, comme quelques dévots trompeurs, que Dieu a fait les pauvres pour exercer la commisération des riches ; mais une vérité qui fut de tout temps, et qui sera toujours, c'est que la nature n'a point donné à tous les hommes, les mêmes talens ni la même conduite.

Avant d'être réunis en sociétés, les hommes errans dans les forêts, sans propriétés et sans arts, se déchiroient comme des tigres, pour s'arracher quelques racines ou quelques fruits sauvages, d'où dépendoit leur misérable vie. Les sociétés se sont formées, l'agriculture et les arts y ont pris naissance. Mais l'agriculture, et les arts, et les sociétés, ont été fondés sur la propriété. Personne ne voudroit fabriquer des ouvrages, si l'on devoit lui ravir le produit de son travail ; personne ne voudroit élever des bois, s'il étoit permis de les ravager ; ni cultiver des arbres fruitiers, s'il ne devoit en recueillir les fruits ; ni planter des vignes, ni ensemencer des terres, si la possession ne lui en étoit pas assurée.

Mais lorsque la propriété a été consacrée, comme le premier fondement des sociétés, l'industrie s'est formée et développée. Les échanges des travaux de tout genre, contre les productions de tout genre, ou contre la monnoie qui les représente, se sont faits facilement; et chaque citoyen, au lieu de faire pour lui et sa famille toutes les choses dont il avoit besoin, s'est mis à ne faire qu'une seule chose, afin de la faire plus vîte et mieux que s'il en eût fait plusieurs. Ainsi, l'un s'est mis à ne faire que des habits, l'autre à ne bâtir que des maisons, l'autre à ne faire que des charpentes, l'autre à ne faire que des étoffes, l'autre à cultiver la terre, l'autre à louer ses services, l'autre à faire le commerce. Alors tous les ouvrages se sont plus multipliés; chacun a mieux gagné sa subsistance, et a trouvé plus aisément, auprès de lui, une infinité d'objets qui lui étoient ou nécessaires, ou utiles, mais qui n'auroient jamais été si abondans dans la société, si chacun ne se fût pas fait cette répartition du travail; et tous ces objets, soit fabriqués, soit produits par l'agriculture, ne se sont tant multi-

pliés , que parce que le maintien inébranla-
ble de la propriété, donnoit à chacun le courage
de concourir à les produire toujours en plus
grande quantité.

Dans cet état de choses , tous les arts se
sont encore perfectionnés. On a vu des tra-
vailleurs industrieux agrandir leurs entreprises ; d'autres, inventer des machines , des instrumens ou des procédés qui expédioient plus
promptement leurs ouvrages. Un artisan, avec
une seule maison , une seule boutique et sa
seule vigilance , a entretenu un nombre de
compagnons , au lieu de travailler seul ; et de
grands atteliers se sont formés , de grandes manufactures se sont établies , en employant les
fruits de l'économie , et les profits à augmenter
les travaux.

Les cultivateurs ont éprouvé pareillement
qu'un homme seul , avec les mêmes instrumens, les mêmes bâtimens et le même génie ,
pouvoit exploiter beaucoup plus de terres qu'il
ne lui en falloit pour le nourrir. Plusieurs
d'entr'eux ont employé leurs profits à acheter
des terres de leurs voisins , qui n'avoient pas
une culture suffisante pour s'en faire un état,
et qui trouvoient plus d'avantages dans cet ar-

rangement. Un tailleur qui ne feroit des habits que pour lui-même, ne seroit pas fort
riche, et la société ne gagneroit pas beaucoup,
si chaque fabricant d'étoffes n'en fabriquoit
que pour sa propre consommation. Mais la société s'enrichit, lorsque toutes les productions
de tous les genres s'y multiplient ; et tous les
moyens qui simplifient les exploitations et les
fabrications, et qui les économisent, opèrent
de plus en plus cette multiplication, avec le bon
marché. Si chaque cultivateur n'exploitoit que
la quantité de terre qui suffiroit pour le nourrir, sa nourriture lui coûteroit fort cher, puisqu'il feroit à peine avec ses bras la vingtième
partie de ce qu'on fait avec des chevaux ou
avec des bœufs, dans de plus grandes exploitations ; et en même temps on ne trouveroit
pas de quoi nourrir tous les autres hommes qui
sont employés dans les manufactures, dans les
métiers, et dans tous les arts, dont la société, et
même dont chaque homme en particulier a
besoin.

Dans cette grande division de métiers, de
travaux et d'entreprises, tous établis uniquement sur la propriété, tous entretenus et animés uniquement par elle, tous soutenus par

le

le désir de s'enrichir, et la certitude de jouir de sa richesse ; l'industrie et les talens, et les hasards inséparables de la vie humaine, ont produit des differences entre les fortunes, comme entre les caractères des hommes. Dans les mêmes états, on a vu des citoyens dissiper leurs profits, ou travailler avec peu d'intelligence ; et d'autres, laisser à leurs enfans la faculté d'entreprendre de plus grands travaux, ou d'acheter des terres, que la mauvaise conduite de leurs propriétaires les obligeoit de leur vendre. Dans d'autres, comme le commerce et les entreprises de manufactures et de défrichemens, les fortunes devoient être plus rapides, parce que les risques devoient être plus grands. Car les profits des professions se proportionnent naturellement sur les risques que l'on y court, et sur les avances qu'il y faut faire. Personne n'oseroit entreprendre le commerce, par exemple, où l'on éprouve souvent de si cruels revers, si l'on n'étoit pas séduit par l'espérance d'y faire des profits plus considérables que dans les professions moins hasardeuses. Dans quelques professions, les travaux ont été payés plus cher que dans d'autres, parce qu'il falloit y faire des apprentissages plus coûteux,

F

ou que l'on ne trouvoit pas toujours à y être occupé.

Mais si le respect des propriétés soutient seul toutes les professions ; les bonnes et les mauvaises chances que l'on éprouve aussi dans toutes les professions, déplacent naturellement les propriétés et la fortune pour les faire passer alternativement dans différentes familles , suivant les distributions que la nature y fait toujours inégalement , de l'esprit d'ordre , du génie , et de l'industrie.

Dans les métiers , même les moins lucratifs , on voit des hommes singulièrement patiens , sobres et laborieux , se former d'abord de petits capitaux qu'ils savent placer utilement , soit d'une manière , soit d'une autre , et qui ne cessent de s'accroître entre leurs mains , pendant toute leur vie. Si leurs enfans ont de la conduite , ils font valoir avec de nouveaux profits les biens que leur ont laissés leurs pères; ou bien ils en jouissent tranquillement. D'un autre côté , des familles riches se dérangent , de grosses maisons sont culbutées, de beaux domaines , bien arrondis par de riches possesseurs , sont vendus et divisés , soit pour payer des dettes , soit pour être partagés entre des héritiers nombreux et dispersés , qui n'en re-

çoivent qu'une petite part. Des pères riches,
mais dissipateurs ou trop entreprenans, réduisent eux-mêmes leurs enfans, à ne vivre que
de leur travail. Enfin , les richesses qui s'ac-
cumulent toujours par l'industrie, tendent aussi
toujours à se diviser , par les ventes, les al-
liances , les successions , et tous les hasards
de la vie humaine.

Et c'est ainsi que , par le maintien même
du droit de propriété , les propriétés territoriales et les richesses toujours existantes dans
la société , y tournent naturellement pour s'é-
loigner et se rapprocher successivement de
tous les citoyens : et qu'au contraire , sans
ce respect inviolable de toutes les propriétés ,
il n'y auroit de richesses , de fortunes , de productions , ni de subsistances pour personne :
le travail n'auroit aucun intérêt , ni l'industrie
aucun espoir ; les terres resteroient en friche ;
et les hommes , manquant de tout , n'auroient
plus d'autre ressource que de brouter l'herbe
dans les bois , ou de se dévorer les uns les
autres.

Mais sous notre ancien gouvernement, des
institutions perfides contrarioient et arrêtoient
sans cesse , cet ordre naturel qui appelle les

citoyens tour-à-tour de la pauvreté à la richesse, et de l'opulence à la médiocrité. On avoit fait, de la misère et de l'opulence, deux parts, que toutes les lois et toutes les maximes tendoient à maintenir à perpétuité dans les classes où elles se trouvoient primitivement distribuées.

On avoit établi des castes privilégiées, où toute la force des lois et tous les principes du gouvernement retenoient toutes les richesses; et l'on avoit mis le travail en déshonneur, ainsi que la frugalité et l'économie; afin que l'opinion même couvrît de mépris et de ridicule, les citoyens qui pourroient s'élever à la fortune par la frugalité, l'économie et le travail.

C'étoit une maxime du gouvernement, qu'il falloit soutenir l'éclat des familles nobles, et conserver toujours parmi elles des terres immenses; et comme les principaux bénéfices ecclésiastiques étoient aussi destinés pour des sujets nobles, on avoit, par la même raison, grossi aussi immensément la part de ces bénéficiers.

C'étoit une maxime presque religieuse parmi les autres privilégiés, et dans toute la bourgeoisie, qu'il falloit toujours s'élever, ou au moins se soutenir dans le même état de représentation , mais jamais se rabaisser jusqu'à vivre de son travail.

La politique des rois entretenoit soigneusement cette dépravation de la morle, et ce renversement de l'ordre social.

Pour conserver les biens dans les familles nobles, on avoit imaginé l'inégalité des partages dans les successions, et les substitutions, qui, avec les grandes places, les faveurs de la cour et les arrêts de surséance, donnoient à ces familles la puissance de forcer, de duper, d'affronter et de ruiner leurs créanciers, en conservant leurs terres. Pour agrandir ces terres, on avoit encore imaginé les pairies, les marquisats. Le retrait féodal, les gros bénéfices et les pensions immodérées , formant des lots pour les cadets , assuroient perpétuellement aux aînés , toutes les réunions de ces grandes propriétés , sans les diviser ; et pour reparer dans ces familles leurs continuelles dissipations , on avoit imaginé l'ennoblissement des financiers, dont la grossière vanité, flattée par ce rapprochement des familles nobles, leur reportoit continuellement d'elle-même , par le moyen des mariages , leurs richesses et leurs immenses acquisitions.

Dans les familles bourgeoises , les lois retenoient également les terres contre le cours naturel de leur circulation , par le retrait li-guager , les substitutions et le droit donné aux pères de gêner, d'empêcher même les mariages de leurs enfans. Les préjugés retenoient aussi forcément les terres dans ces familles, en y entretenant la haine de l'industrie , du travail , et même du commerce.

Mais tels étoient les maux qui résultoient de cet ordre monstrueux.

1°. D'immenses propriétés retenues à perpétuité dans les premières familles nobles , leur assuroient une puissance éternelle, qu'elles exerçoient par anticipation, comme les familles des rois, pour soutenir tous les abus, et lutter, de concert avec le gouvernement , contre la liberté générale.

2°. La violence des lois, qui reportoit toujours toutes les grandes terres dans les mêmes familles, ôtoit à l'industrie des arts utiles, l'espérance et les moyens de les acquérir.

3°. Tant de terres enfin , de châteaux et de domaines , accumulés dans un petit nombre de

mains , ne pouvoient être soignés également
par leurs propriétaires. Ceux-ci étoient obligés
de les faire administrer par des intendans et
des gens d'affaires , qui rançonnoient et ruinoient leurs fermiers. Les fermiers épuisoient
les terres et ruinoient les bâtimens ; et ces propriétaires de tant de possessions , ne pouvant
résider, tout au plus, que dans une seule, né-
gligeoient toutes les autres , en retiroient l'argent et les fruits , et y laissoient les ouvriers
sans travail, et les pauvres sans secours.. On a
souvent parlé du bien que répandoient autour
d'eux quelques seigneurs , et quelques com-
munautés de moines riches , qui étoient rési-
dens dans quelques-unes de leurs possessions.
Mais on n'a pas compté tous les maux qu'ils
faisoient dans celles où ils ne résidoient jamais.
Celles-ci étoient négligées et dégradées, et ne
présentoient autour d'elles que des ruines et de
la misère.

D'un autre côté, les retraits et les substitutions retenoient aussi les terres dans les familles
bourgeoises. Les débouchés de l'église et du
cloître leur conservoient les mêmes possessions de génération en génération. La grande
autorité des pères , jointe à leurs préjugés

contre les familles laborieuses , éloignoient de celles-ci les propriétés territoriales. Mais en même tems que ces bourgeois conservoient leurs domaines , la tyrannie féodale qui les en chassoit, les obligeoit de résider dans les villes, où la ruse du gouvernement savoit les amuser , par des charges , des privilèges ou de petites distinctions, afin de leur tirer leur argent , qui ne pouvoit aller à leurs terres. Et leur existence étoit ainsi tellement contrainte , tellement pénible et tellement absurde , qu'ils ne pouvoient ni résider dans leurs domaines pour les cultiver, ni les vendre pour chercher plus d'aisance dans l'exercice des arts

Enfin , dans la classe des artisans , l'industrie enchaînée par toutes les vexations fiscales et les privilèges exclusifs, flétrie même par les préjugés dominans, ne pouvoit se dévolopper. Et lorsque, malgré ces obstacles, quelques citoyens plus heureux avoient des fonds à placer dans les terres, les unes se trouvoient trop au-dessus de leurs facultés ; les autres trop rarement et trop difficilement dans le commerce, ne présentoient pas assez de chances à leurs spéculations.

Tel étoit le résultat de ce misérable état de

choses. L'industrie des arts n'ayant que peu
de moyens et d'espérances , avoit par conséquent peu d'essor. L'agriculture négligée donnoit beaucoup moins de produits qu'elle n'en
auroit donné sous de meilleures institutions.
Toutes les lois contrarioient le bien public,
et tous les préjugés se faisoient la guerre, aux
dépens de la richesse nationale , et au préjudice
du peuple. Les propriétaires, grands et petits,
ne pouvant ni se dessaisir de leurs terres , ni
les faire valoir , les retenoient et les fuyoient,
pour la ruine de l'agriculture. Ils dédaignoient
les arts ; et les arts, à leur tour , dédaignoient
de venir au secours de l'agriculture avec leurs
capitaux.

C'étoit contre tous ces abus que le cri de la
raison , aidée de la philosophie , de l'esprit de
calcul , et de toutes les lumières, s'étoit élevé
dès le commencement de la révolution , en ex-
primant son vœu pour voir ces immenses réunions se diviser, et toutes les possessions territoriales cultivées par leurs propriétaires , ou
rentrer naturellement dans la circulation. C'est
dans ces vues que, depuis la révolution , les
législations ont regardé comme leurs premiers
devoirs de supprimer toutes ces institutions

contre nature , les dignités nobiliaires et féo-
dales , les droits d'aînesse , les substitutions,
les retraits et toutes les distinctions : qu'elles
ont remis les possessions ecclésiastiques dans le
commerce , comme les autres propriétés ; délivré tous les genres d'industrie de la fiscalité,
des priviléges et des préjugés qui les étouffoient,
et qu'elles ont facilité les mariages, et renversé
toutes les barrières légales qui séparoient si inhumainement les familles des citoyens.

Mais jamais un législateur sensé n'a eu
l'idée barbare d'attaquer l'industrie de l'agriculture , en portant l'effroi dans l'ame des propriétaires des terres, dont le courage et la per-
sévérance ont besoin, pour le salut public , de
la plus imperturbable sécurité.

On peut en très-peu d'années, même quelque
fois dans un an , monter un commerce, un
attelier, une manufacture, si l'on en a les fonds
et la capacité.

Mais dans l'agriculture, l'homme travaille
presque toujours plus pour les générations qui
doivent le suivre, que pour lui-même. Il faut
douze ans pour regénérer un troupeau de
moutons ; il en faut quinze pour former une
bonne vigne ; il en faut vingt - cinq pour

élever un taillis ; il en faut trente pour voir
des arbres fruitiers en plein rapport ; il en faut
cent , et plus , pour avoir des bois de haute
futaie. Mais pour la culture même des terres
à bled , et le renouvellement des prairies , et
l'éducation de tous les bestiaux , il faut des
travaux et des sacrifices continuels, dont les
fruits se font long-tems attendre , avant d'être
recueillis. Si la terre produit , ce n'est qu'après
que les soins de l'homme l'ont prévenue long-
tems d'avance; et elle en est toujours insatiable.
Un fermier qui n'a pas la probabilité de renouveller plusieurs baux , n'ose presque rien entreprendre: et un père de famille qui a travaillé
vingt ans dans son domaine, éprouve , au bout
de ce tems, qu'il commence à peine à jouir.
Mais c'est l'espérance, c'est la jouissance de
la paix , c'est l'amour de ses enfans , c'est l'as-
surance de la propriété , qui attache l'homme
à sa terre , qui soutient ses efforts , et l'engage
à reverser continuellement sur elle une partie
de ses produits , afin de la rendre encore plus
productive.

Ainsi, quand la raison a réclamé , au nom
de l'humanité , de l'agriculture et de l'industrie, la division des possessions trop im-

menses ; elle s'est bien gardée de frapper de mort l'agriculture même , en alarmant la propriété ; et malgré les abus qui avoient réuni tant de terres dans un si petit nombre de mains , personne n'a songé seulement à leur en arracher la moindre partie avec violence , parce que les conséquences terribles d'un si dangereux exemple , se présentoient à tous les esprits. C'est dans le principe de l'abus que l'on a attaqué l'abus même. On n'a pu qu'abolir les institutions monstrueuses qui avoient établi ce genre d'accaparement , en leur substituant des lois plus raisonnables et plus justes.

Mais on a laissé au tems et à ces nouvelles lois , le soin de ramener les choses à leurs justes proportions , en suivant leur cours naturel : et l'on ne pouvoit aller plus loin , sans perdre la société toute entière. Car si l'on attaquoit la propriété territoriale en un seul point, il n'est pas un cultivateur sur la surface entière de la république , qui n'en ressentît le coup jusques dans le fond de son cœur. L'espoir et le courage en seroient aussitôt bannis. La charrue ne seroit plus touchee que par des mains tremblantes. Les bestiaux cesseroient de se reproduire. La terre ne recevroit plus d'engrais, ni à peine de semences. Tous les travaux des campagnes seroient interrompus : et la société ravagée par la misère et la famine, seroit bientôt dissoute.

Jugez maintenant, citoyens, combien sont irréfléchis et cruels, ceux qui trouvent un moyen si simple d'augmenter les subsistances, dans une division forcée des grandes fermes, et des propriétés territoriales. C'est au contraire pour assurer votre subsistance, qu'au milieu de tant de réformes qui ont atteint tant de familles opulentes, et renversé tant de fortunes, vos législateurs ont eu le soin de respecter si religieusement ces propriétés ; et c'est aussi pour encourager la production des subsistances, qu'ils ont fait tourner au profit des terres, tous les sacrifices et tous les reviremens de la révolution. Oui, si l'on a délivré les campagnes de la tyrannie féodale et des dîmes ; si l'on a supprimé tous les priviléges qui retenoient les propriétaires dans les villes ; si l'on a détruit tous les abus qui les attiroient à la cour, et la cour elle-même ; si l'on a fermé aux capitalistes tant de voies par où leurs capitaux alloient aux charges et

à l'agiotage, au lieu de retourner vers l'agriculture ; enfin si l'on a mis cette profession
en honneur, en abjurant tous les préjugés
qui l'avoient avilie : on l'a fait principalement
pour rappeller l'homme à la terre, l'y attacher,
la lui faire aimer avec passion ; et l'engager
par l'attrait d'une condition si heureuse, de
lui consacrer tous ses talens, tous ses travaux,
toutes ses facultés, toute son existence. C'est
encore en faveur de l'agriculture, que l'on a
porté les réformes jusqu'à la dernière rigueur,
afin d'effacer enfin de dessus la tere jusqu'aux
derniers vestiges de son ancienne servitude ;
et de la mettre dans un état d'affranchissement
et de prospérité dont-il n'existe point d'exemple en ce moment, hors de notre patrie.

C'est pour vous tous, citoyens, que l'on
s'est efforcé de répandre en profusion tant de
biens sur la condition du cultivateur, suivant
les vœux formés depuis si long-tems par la
raison et par l'humanité : car le grand moyen
de perfectionner l'agriculture, d'où dépend si
essentiellement la subsistance du peuple, tout
ce moyen consiste à reporter les propriétaires
sur leurs domaines, et à les attacher à leurs
propriétés. Il n'y a que le propriétaire tran-

quille, incommutable, assuré de sa jouissance, et aisé, qui puisse faire des plantations, des défrichemens, des desséchemens, des clôtures, multiplier les bestiaux, perfectionner leurs races, entreprendre des améliorations lentes, tenter des expériences utiles, et faire à la terre toutes les avances qu'elle demande continuellement, pour nous fournir abondamment toutes ses productions.

Mais c'est une grande erreur que celle de croire les *grandes fermes* nuisibles à la subsistance du peuple.

Ces grandes fermes dont on veut parler, se trouvent dans les pays de *grande culture* ; car dans les pays de *petite culture*, les grandes fermes sont composées elles-mêmes de nombre de petites fermes, qui ont toutes leurs divisions.

Mais les grandes fermes des pays de grande culture, et la grande culture elle-même, sont moins l'ouvrage forcé de l'homme et de ses lois, que celui de la nature et des localités.

Les pays de petite culture sont des pays de côteaux et de vallons, où les possessions sont coupées par la disposition des lieux, et où elles sont mêlées de vignes, de petites prairies, de

vergers, de clos et de clôture ; c'est-à-dire, de
terreins, de productions et de cultures, infiniment variés. Une grande partie de ces cultures se font à bras, parce qu'elles ne peuvent
se faire autrement. Telles sont celles des vignes,
des arbres fruitiers, de différens légumes, et
de plusieurs autres productions. Ces cantons
sont aussi très-peuplés, parce que le besoin
des hommes y attire les hommes.

Mais on reconnoît dans leurs ouvrages, les
soins pénibles qu'ils exigent. On remarque
également, dans ces cantons, une industrie
particulière, pour tirer parti des coins de
rochers, des angles des chemins, des talus
et des fondrières, qui s'y trouvent, et y faire
venir quelques plantes utiles. C'est d'après ces
observations, que l'on a dit, et avec justice
sous ce rapport, que les pays de petite culture étoient bien cultivés.

Mais il s'en faut de beaucoup que cette
vérité s'étende à la culture du bled dans ces
pays, si on la compare avec celle des pays
de grande culture. C'est dans ceux-ci que l'art
du laboureur déploie tous ses moyens, et qu'il
approche plus près de sa perfection, tandis
que dans les pays de petite culture, cette partie

tie reste toujours beaucoup plus imparfaite, tant à cause des localités et des mélanges qui contrarient le laboureur , qu'à cause de la petitesse des moyens qui sont en sa disposition.

Les grandes fermes se sont établies dans de grandes plaines, particulièrement propres au bled, tels que sont généralement les pays de grande culture. Elles s'y sont formées naturellement , parce qu'avec [les mêmes bâtimens d'exploitation , les mêmes instrumens , les mêmes animaux, et à-peu-près le même nombre d'hommes de service , la même inspection , et les mêmes frais, le cultivateur a pu, par la disposition du terrein , y pousser facilement sa culture et ses défrichemens à de grandes distances autour de lui. Dans de telles contrées , les petites possessions ne pouvant être cultivées avec les mêmes avantages, se sont réunies d'elles-mêmes à d'autres, par l'effet de la nature des choses ; et l'on n'y a vu presque que de grandes fermes.

Mais ces grandes fermes , bien loin d'être nuisibles à la société , lui procurent au contraire des avantages qui mériteroient d'être mieux observés , et plus justement appréciés.

G

Ce n'est que dans ce qu'on appelle *les grandes fermes*, que la culture du bled, et l'économie rurale en cette partie, sont bien entendues. Nos meilleures écoles de laboureurs sont là ; et c'est delà que nous viennent les procédés les plus économiques et les plus avantageux, pour féconder la terre et multiplier les subsistances. Ce n'est que là qu'on voit la culture du bled acquérir sensiblement quelque perfection, par des inventions d'instrumens, des combinaisons de travaux, et des simplifications de moyens qui sont inconnus ailleurs. On ne voit point les cultivateurs des grandes fermes avancer dans leur art, en imitant les laboureurs des pays de petite culture. Mais ceux-ci ne font quelques progrès, qu'en suivant de loin les procédés et les méthodes des cultivateurs des grandes fermes.

Représentons-nous bien que l'agriculture, écrasée jusqu'à ce jour par la tyrannie féodale, les mauvaises loix et les préjugés, est pour nous encore dans l'enfance. Toutes ses anciennes entraves sont maintenant brisées et tombées, il est vrai ; mais cet art précieux a besoin encore d'un autre moyen pour être promptement perfectionné ; ce moyen, c'est l'aisance des cultivateurs ; et les insensés qui leur envient, qui leur reprochent, et qui voudroient leur enlever même ce moyen de les nourrir, ressemblent à des enfans qui crieroient pour faire ôter à leur mère des alimens qui seroient propres à lui donner en abondance de bon lait.

On se plaint beaucoup de ce que les suppressions des entrées ne profitent qu'aux cultivateurs. Mais la cherté de plusieurs objets de consommation, malgré la suppression des entrées, tient à d'autres causes, dont les unes sont dans la nature, et les autres dans cette crise de révolution qui pouvoit seule délivrer le peuple français d'un esclavage de dix-sept siècles ; et toutes ces causes n'auroient été que plus agravées par les entrées, si ce régime oppressif n'eût pas été aboli. Le long hiver de 1789 a fait détruire une quantité de bestiaux, que l'on ne put alors nourrir dans les étables, et nous en ressentons maintenant les effets sur les cuirs, sur les suifs et sur la viande. Des dérangemens accidentels dans nos relations commerciales, ont augmenté la rareté de ces objets qui nous venoient de l'étranger, en même temps que nos armées en augmentoient les consommations. Les récoltes des vins ont manqué depuis plusieurs années de suite ; et dans cette année, entr'autres, le pays d'Orléans, qui seul fournit ordinairement une partie de Paris et plusieurs départemens, n'a pas récolté une bouteille de vin par arpent. Les équipemens de nos troupes, levées pour repousser ces despotes et ces traîtres qui vouloient couvrir notre patrie de carnage et de ruines, ont fait renchérir les laines, les draps et le fer. Le bois renchérit par l'effet des déprédations que commettent, dans les forêts, des citoyens égarés, qui ne sentent pas encore tout l'intérêt qu'ils ont eux-mêmes à respecter les lois. Les huiles sont renchéries par des pertes d'oliviers et de noyers, dans l'hiver de 1789. Enfin, des ennemis du bien public ont contribué à faire hausser les prix de toutes choses, en décréditant nos assignats, qui, malgré leurs inconvéniens, ont été l'unique moyen de sauver notre patrie, et de fonder notre liberté.

Les cultivateurs supportent aussi eux-mêmes ces renchérissemens, puisque chacun d'eux ne trouve pas dans son domaine, tous les objets dont il a besoin. Ceux qui ne recueillent que du bled, achètent les chevaux ou les

bœufs, le vin et les fourrages, à un prix excessif ; et ceux qui n'ont que des vignobles,
où ils n'ont pas fait de vendanges cette année, sont, malgré la suppression des entrées,
infiniment malheureux.

Mais quand il seroit vrai que la suppression
des entrées ne devroit tourner qu'à l'avantage
de l'agriculture, ce qui n'est pas, il faudroit
s'en féliciter, au lieu de le lui envier ; il est
temps de reconnoître que tous les biens de la
société viennent de l'agriculture, et que plus
elle aura de faveurs, plus elle déploiera son
industrie, plus elle forcera ses travaux, plus
elle multipliera les productions, plus les manufactures seront fournies, plus le commerce
sera florissant, plus les pauvres citoyens auront de ressources, et plus, en ce moment
sur-tout, nous vendrons avantageusement nos
domaines nationaux, pour rétablir nos finances,
et éteindre nos assignats.

Je reviens aux grandes fermes, et je dis que
c'est là où se trouve la plus grande aisance
du cultivateur, et par conséquent le moyen
principal de perfectionner promptement l'agriculture. Il faut être riche, et avoir de grandes
étendues de terre, pour faire des expériences

en grand, les seules qui soient décisives. Il faut être riche , pour construire et employer mille instrumens avantageux , que l'on trouve partout dans les belles fermes en Angleterre , et dont en France nous n'avons pas encore eu l'idée. Il faut être riche et avoir une grande culture , pour commencer facilement à faire des élèves de bestiaux , et à les multiplier par des prairies artificielles. Il faut être cultivateur riche, pour améliorer les races des moutons , partie si négligée jusqu'aprésent , mais qui doit un jour nous rendre indépendans de nos voisins, en nous procurant sur notre sol , les laines fines que nous tirons d'eux à si grands frais. Ce n'est que dans les terres d'une certaine étendue , que l'on peut élever des bois, parquer les troupeaux avec avantage , et essayer ces combinaisons et ces distributions , qui tendent à faire rapporter les terres tous les ans , en supprimant les jachères. Quelques cultivateurs ingénieux ont déja trouvé ce secret, et c'est dans de grandes fermes.

C'est principalement par le moyen des grandes fermes , que les grandes villes sont nourries. Si l'on divisoit les possessions entre autant de familles qu'il en faudroit pour en

consommer les produits, il ne resteroit rien
pour l'approvisionnement de ces grandes villes.
mais plus les moyens des exploitations sont
grands et simples , moins elles absorbent de
leurs propres productions pour elles-mêmes ;
et plus il en reste par conséquent pour les besoins des hommes , qui sont si excessivement
rassemblés dans les manufactures et dans les
villes où s'exercent lesarts.

Un autre avantage des grandes fermes , et
qui mérite une sérieuse attention , c'est qu'en
employant, comme les grandes manufactures ,
des moyens plus simplifiés et plus économiques que les petits établissemens , elles concourent a faire baisser le prix des productions
qui en sortent , ou à les mintenir à meilleur
marché.

On m'observera que les gros cultivateurs ne
donnent pas leur bled à meilleur marché que
les petits. Mais les gros manufacturiers ne
donnent pas non plus leurs marchandises à
meilleur marché que les petits. qui fabriquent
des objets du même genre. Il n'en est pas
moins certain que les gros manufacturiers pouvant, par de grands moyens d'expédition et
d'économie , fabriquer leurs ouvrages à meil-

leur compte , peuvent les faire entrer dans le commerce à un prix plus modéré , que ne le pourroient faire les petits fabricans, s'il n'y avoit que de petits fabricans. C'est ce qu'on éprouve d'une manière frappante en Angleterre, où les objets manufacturés ne sont à si bon marché, que par le moyen des grandes manufactures qui se sont multipliées. Et en France même, il est une quantité de genres de fabrication , dont les prix ont diminué depuis un siècle , parce que les procédés en ont été simplifiés dans de grandes manufactures qui se sont établies.

Ainsi , les moyens simples et économiques des grandes fermes , balancent les moyens dispendieux, et peu profitables, des petites exploitations. Les gros petits laboureurs cultivent mal, et gagnent peu. Les cultivateurs font mieux, et gagnent davantage. Les uns peuvent vendre à meilleur marché ; les autres auroient besoin de vendre plus cher. Mais comme, par l'effet du commerce , le prix des marchandises de la même espèce se met toujours de niveau , malgré la différence des moyens de ceux qui les fabriquent ; de même le prix du bled se compose d'un prix moyen , entre les gros et les petits cultivateurs ; comme le prix des objets manufacturés , entre les gros et les petits manufacturiers.

S'il n'y avoit que de petits cultivateurs, les terres à bled ne seroient pas si bien cultivées , et le bled seroit moins abondant et plus cher , puisque les moyens de culture seroient plus imparfaits et plus dispendieux. S'il n'y avoit que de grosses fermes , l'agriculture seroit de plus grands progrès , et le bled seroit moins cher ; puisque les moyens de culture seroient plus simples et moins coûteux.

Conclurai - je delà qu'il faudroit mettre toutes les exploitations en *grandes fermes* ? non certes ; ce seroit une révoltante absurdité. S'il faut des hommes dans les villes, il en faut aussi dans les campagnes ; et peut-être plus là encore qu'ailleurs. Mais il faut suivre un peu les indications de la nature, et ne faire violence à personne. C'est la nature qui a morcelé-elle même les possessions , dans les pays de petite culture ; et c'est elle qui a formé les grandes fermes dans les pays de grande culture. Les unes et les autres se sont établies suivant les convenances des localités ; et les localités leur ont réparti leurs divers avantages. Les variétés des situations et des terreins dans les pays de petite culture , s'opposent à ce que la culture du bled y soit faite en grand ; mais elles y favorisent cette diversité de productions , et cette nombreuse population , dont la société à besoin; et dans les pays de grande culture , qui sont principalement propres au bled, les morcellemens nuiroient à cette culture capitale , et dépeupleroient les grandes villes.

Il faut beaucoup de petites propriétés, pour que les citoyens qui n'ont que de petits moyens, puissent aisément en acquérir. Il en faut de moyennes , pour les citoyens plus aisés. Enfin il en faut quelques-unes de grandes , pour donner plus de jeu à l'industrie , en lui laissant toujours l'espérance de placer les grands capitaux qu'elle peut acquérir légitimement.

Une loi qui limiteroit l'étendue des possessions , ou des exploitations des terres , seroit aussi extravagante , qu'une loi qui limiteroit les travaux des manufactures , les opérations des commerçans , et les entreprises des ouvriers ; et elle seroit aussi funeste. Les grandes propriétés , les fortunes considérables , tendent naturellement d'elles-mêmes à se fondre et à se partagez; et c'est ce qui arrivera désormais plus

fréquemment. Mais il seroit également dangereux et injuste de les empêcher de se former
par des moyens légitimes. Il n'y auroit plus
ni industrie, ni liberté, s'il n'étoit pas aussi
bien permis d'acheter que de vendre. Celui
qui réunit à son domaine une terre que son
voisin veut lui céder, parce qu'il plaît à celui-
ci de placer ses fonds ailleurs, ne fait assurément aucune injustice. Mais c'est cette facilité
d'acquérir et de vendre, de réunir et de diviser
suivant son goût et ses convenances, et par des
conventions valontaires, qui donne le mouvement au commerce, aux affaires et à tous les
travaux, et multiplie les spéculations et les
chances pour tous les citoyens. Dans les manufactures, dans l'agriculture, dans le commerce, et dans tous les arts, l'homme ne travaille que pour gagner. Lorsqu'il emploie ses
premiers profits à enrichir la société par de
plus grands travaux, aulieu de se reposer, il ne
le fait qu'afin de gagner davantage encore.
Otez lui le pouvoir d'accroître ses entreprises,
et d'employer ses fonds suivant ses penchans
et son génie, en vous flattant d'appeler plus de
citoyens à participer aux travaux et aux richesses, vous irez directement contre votre but;

vous étoufferez, dans leur principe , cet esprit d'invention et cette ardeur pour le travail , qui ne s'entretiennent que de l'espoir d'agrandir ses moyens , et de multiplier ses jouissances. Tous les arts dépouillés de cet intérêt, tomberont en langeur ; tous les genres d'industrie se communiqueront le même découragement; Tous les travaux éprouveront une cessation graduelle ; les subsistances et toutes les productions deviendront plus rares ; toutes les parties de la société manqueront également de ressources et de secours ; et il n'y restera que le spectacle d'une ruine universelle.

Il est cependant des hommes assez aveugles pour ne pas voir en quel abîme ils précipiteroient leur patrie , s'ils pouvoient faire ériger en lois tant de conséquences insensées , que leur ingnorance tire au hasard des mots, sans considérer les choses. Il croient que la liberté , qui a détruit la tyrannie , doit renverser aussi de fond en comble les bases de la société. Ils parlent toujours des *subsistances* (1) , comme

(1) Depuis la loi du 8 décembre, on a renouvellé dans quelques imprimés, la proposition d'assujettir aux visites domiciliaires et aux controles, tous les

si la terre devoit les produire toute seule , en
obéissant à leurs ordres journaliers. Ils ne se

cultivateurs, et les propriétaires de grains , et de leur
fixer les tems et les quantités de leurs ventes. Je vou-
drois bien que l'on me citât un seul art, qui eût pu
accroître ses produits , ou se soutenir seulement, sous
un pareil régime ? C'est ainsi , cependant , qu'en se
flattant de rendre le bled abondant, on n'oublie qu'une
seule chose, qui est le moyen de le faire venir : et
qu'on raisonne sur les subsistances , justement comme
il faudroit raisonner pour nous affammer !

Je rends justice aux intentions des auteurs de ces
projets; mais on peut s'étonner de les voir fermer
les yeux constamment sur la principale partie de
leur sujet , et ne les ouvrir que sur un seul point,
pour en déduire à leur aise toutes leurs conséquences.
Ils saisissent fort bien un petit nombre de rapports
faux , et ils laissent de côté tous les rapports véritables qui sont presqu'infinis. Est-ce donc ainsi que
l'esprit humain procède , sous notre République nais-
sante , au milieu de toutes les lumières qui seules
nous y ont amenés.

Mais il n'est pas moins affligeant de voir les mêmes
personnes raisonner , par amour pour le peuple ,
comme le despotisme raisonnoit pour combler sa misère. On n'a qu'à lire les lois prohibitives de nos anciens tyrans, leurs édits , leurs arrêts et leurs absurdes procédures , on y trouvera tous les argumens
dont un zèle aveugle s'empare aujourd'hui. Et c'est

doutent pas que la subsistance d'un peuple civilisé, n'est fondée que sur l'agriculture, sur

dans les sophismes d'une pareille école, que ces amis du peuple, comme l'ours de la fable étoit l'ami de l'homme des jardins, vont chercher le secret de faire son bonheur !

La loi du 8 décembre sur la liberté du commerce des grains, n'est que le renouvellement de celles qu'avoient rendues les deux législatures précédentes, et de celles que la forcé des lumières acquises, dans ce siècle, avoit obligé le gouvernement d'adopter en 1774, mais dont les succès furent interrompus si malheureusement, par les folies du gouvernement et des parlemens, en 1788 et 1789.

La nécessité de la liberté de ce commerce, et de celle des spéculations des cultivateurs, est complète-ment démontrée aujourd'hui par l'expérience, pour quiconque veut se donner la peine d'examiner les faits. Elle est dans tous les principes qui soutiennent tous les arts, et qui font prospérer les sociétés par ces arts, dont elles ne peuvent se passer : or tel est, avant tout, celui de l'agriculture. Elle a aussi pour elle l'autorité des hommes les plus profonds, les plus éclairés, et les plus zélés pour le bien du peuple, parmi lesquels il suffit de citer l'Anglois Smith.

L'auteur d'un imprimé qui vient de paroître, sous le titre de *l'administration générale des bleds en France,* considère tous les arts d'une société, comme cinq hommes, dont l'un a le bled, et les quatre autres le culte sacré de la propriété , et sur la liberté des acquisitions. Ils parlent d'égalité dans les

toutes les autre sproductions. Or , dit-il , celui qui possède·le bled, a , *par le droit de propriété , le droit de vie et de mort sur tous les autres.*

Il est à remarquer que cet écrivain, qui croit simplifier seulement là question , en la réduisant à ces termes , ne s'apperçoit pas qu'il en renverse tous les rapports, te qu'il la change du blanc au noir. C'est précisément parce que les possesseurs du bled sont innombrables sur un grand territoire , qu'ils n'y sont pas au nombre d'un *seul.* Et c'est parce que les quatre cents mille volontés qui disposent des grains , sont toutes différentes , toutes divergentes , toutes opposées dans leurs intérêts et leurs circonstances , qu'on ne peut jamais les considérer comme un seule volonté. C'est sur cette raison même de différence , que sont fondés, et l'agriculture, et les avantages du commerce et de la circulation , et l'existence des sociétés.

Si l'on pouvoit supposer une société où la terre qui produiroit le bled , ne pût appartenir qu'à un seul homme , et n'être cultivée que par ce même homme , sans doute il ne pourroit pas conserver ses propriétés : car, quand il n'en abuseroit pas , on auroit toujours un prétexte pour le traiter comme s'il vouloit en abuser. Mais comme tout autre à sa place auroit le même sort ; tous les associés seroient obligés de renoncer à l'agriculture et de chasser pour fortunes , et ils ne savent pas que cette égalité forcée fait des tyrans et des esclaves , détruit l'espèce humaine , et rend les pays déserts. La ville de Sparte avoit des lois qui ordonnoient cette égalité : mais savez-vous ce que faisoient ses citoyens, auxquels il étoit défendu de s'enrichir ? ils détestoient le travail et les terres :

se nourrir, ou de s'entre-dévorer quand le gibier leur manqueroit.

Les partisans des visites domiciliaires, et des ventes forcées, nous meneroient à-peu-près aux mêmes résultats; ou bien ils seroient obligés de faire cultiver la terre à coups de bâton. Car, on ne s'imaginera sûrement pas que des hommes sensibles, voulussent jamais se soumettre volontairement à la gêne, aux soupçons, aux outrages, et aux châtimens, qui tourmenteroient et flétriroient la vie du cultivateur; tandis qu'ils verroient leurs frères exercer en paix et en liberté leur industrie et leurs facultés dans toute autre profession.

Etes-vous bien faits pour la liberté , vous, qui nous proposez avec tant de confiance, de faire des esclaves ? citoyens, vos vues sont pures; je le crois. Mais au lieu, de tirer vos idées de si loin . dédaignez un peu moins l'expérience que vous avez sous les yeux , et les lumières qui vous ont devancés. Soyez moins indifférens pour la philosophie, qui s'est tant occupée de vous, tandis que vous paroissez maintenant vous occuper si peu d'elle !

et

Et Sparte étoit obligée de tenir en servitude ses campagnes et ses alliés, pour subsister. Mais ses campagnes se dépeuplèrent et furent abandonnées ; ses alliés se révoltèrent : et le peuple de Sparte, résidant tout entier dans les habitans d'une ville, fut subjugué et anéanti. Chez les sauvages de l'Amérique, les richesses sont parfaitement égales, la terre y est également à tous ; mais il n'y a de richesses ni de pain pour personne. Les hommes y existent misérablement sur un sol fertile, qu'ils ne songent pas seulement à cultiver. Ils font des chasses de quatre cents lieues, pour trouver quelques pièces de gibier qu'ils se disputent ; et ils se mangent les uns les autres.

Telle est la différence des peuples sauvages et des peuples civilisés. Les premiers ont en partage, l'oisiveté, l'ignorance, la barbarie, la famine, les cruautés et la mort. Parmi les autres, naissent les arts, les lumières, les travaux, l'abondance, et toutes les jouissances de la vie ; et tous ces biens qui naissent pour l'homme, de la civilisation, ne lui sont assurés que sur la liberté de l'industrie, et sur la propriété.

Si le despotisme fait le malheur des nations

civilisées , c'est précisément parce qu'il étend lui-même sa tyrannie sur ces premiers principes. Parmi nous , le despotisme gênoit et forçoit les citoyens dans l'exercice de leurs facultés. Aux uns, il ôtoit la liberté de vendre , aux autres celle de jouir, aux autres celle d'acquérir. L'ordre des successions étoit interverti; et le goût naturel de l'homme pour la propriété , étoit dépravé par les lois. On frappoit de stérilité la terre en accablant les campagnes; et on écrasoit l'industrie par les priviléges et la fiscalité. Sous ce régime infernal , l'oisiveté étoit honorée , et le travail une espèce d'opprobre. Les hommes se méprisoient , se haïssoient , se séparoient , se persécutoient, s'appauvrissoient. Les lumières, l'industrie et les talens , trouvoient la tyrannie par-tout ; l'injustice et les humiliations poursuivoient tous les citoyens laborieux.

Maintenant , citoyens , toutes les tyrannies sont renversées , tous les priviléges anéantis, tous les préjugés effacés. Les lois sont devenues égales pour tous. La liberté est conquise : il ne nous reste plus que de la conserver, ou de la détruire nous-mêmes. Mais songez bien qu'un pas de plus dans nos réformes, nous mène aussitôt au plus dur esclavage par l'anarchie , ou à l'état de sauvage.

Les meilleures lois ne peuvent pas enrichir
en un moment une nation appauvrie par des
siècles de despotisme. Et les ébranlemens inséparables d'une grande révolution , produisent
encore des maux qu'aucune puissance humaine
ne pourroit prévenir. Mais la stérilité des terres,
et la famine continuelle , et la dissolution entière de la la société, suivroient immédiate-
ment les premières atteintes portées aux pro-
priétes territoriales , par des divisions forcées ,
et des déplacemens arbitraires. Tout ce que
les lois peuvent uniquement , pour rendre justice à tous , amener de meilleurs tems , et
préparer une prosperité générale , c'est de donner à l'industrie une liberté entière dans l'exercice de ses moyens, et dans l'emploi de ses profits. C'est de laisser aux citoyens la faculté de
vendre, d'acheter , de contracter suivant leurs
convenances réciproques, et de jouir en paix
de ce qui leur appartient. C'est d'empêcher
que les tributs publics n'aillent gorger de biens
quelques familles , et de ne pas forcer toutes
les richesses de s'accumuler dans leurs mains,
pour n'en sortir jamais. C'est de donner aux
riches la liberté d'aliéner leurs terres tant qu'ils
trouveront des acquéreurs , comme d'en ache-

H

ter s'il se trouve des vendeurs qui aient besoin de leur argent ; mais d'en rendre toujours les partages égaux entre leurs héritiers, et de faciliter les mariages en **les** rendant plus indépendans. C'est ainsi uniquement que, sans détruire la société jusques dans ses fondemens, sans ruiner et affamer le peuple sans ressouce, ou le reconduire à l'esclavage ; les richesses pourront d'elles-mêmes circuler et se répandre, l'industrie se ranimer, l'abondance s'accroître, et le travail donner plus souvent la fortune, mais toujours l'aisance, à tous les citoyens laborieux.

Je ne croirois pas devoir parler de la taxe des grains, tant l'absurdité de cette opération est frappante, pour tous ceux qui sont capables de quelque réflexion, si cette idée n'étoit pas devenue déja plusieurs fois une espèce de frénésie, parmi de malheureux citoyens trompés par leur ignorance.

Les uns se sont imaginés que les lois pouvoient fixer la valeur des choses ; et qu'elles fixoient même cette valeur pour quelques objets particuliers, comme nous avons entendu deux ciroyens d'un département, dire à la barre de la convention nationale, que *puis-*

*que la loi taxoit bien le prix de l'or et de l'argent ;
elle pouvoit bien taxer le prix des grains.*

Les autres ont tiré leur conséquence, de la taxe que la police des villes met sur le pain et sur la viande.

La vérité est que la loi ne peut fixer la valeur de rien, pas plus celle de l'or et de l'argent, que celle du plomb et du fer, du fil et de la laine : pas même celle du pain et de la viande. Et si dans des tems d'ignorance, une police imbécille s'est avisée de mettre une taxe sur ces deux derniers objets, cette fixation, que l'on suit encore par la force de l'habitude, n'est qu'une forme illusoire, qui ne règle réellement aucune valeur, et qui ne tourne qu'au profit des bouchers et des boulangers, pris en général, contre l'intérêt du peuple.

Je dis d'abord qu'aucune loi, aucune puissance sur la terre, ne peut fixer la valeur d'aucune chose, parce que cette valeur dépend d'une infinité d'autres valeurs, et d'une infinité de circonstances, les unes morales, les autres naturelles, qui concourent toutes ensemble à l'établir. Toutes les valeurs dépendent de la rareté ou de l'abondance, des proximités ou des éloignemens, des difficultés ou des facilités des transports , de l'état du commerce dans les différens tems , et des relations que les nations ont entr'elles ; des craintes ou des espérances, de la confiance ou de la défiance , des goûts , des habitudes , et des préjugés , et de toutes les modifications de l'opinion ; enfin des variations des saisons , et de toutes les loix de la nature : et toutes ces circonstances agissent et réagissent les unes sur les autres d'une manière si variable , si compliquée , et si forte , que le desposte le plus puissant du monde ne pourroit jamais fixer à sa volonté la valeur d'un seul objet , pendant une heure.

Prenons pour exemple le bled même , qui nous paroît une matière si simple , lorsqu'il est sous nos yeux dans un marché. Pour pouvoir le taxer raisonnablement , il faudroit en premier lieu , avoir égard à ce que coûtent tous les moyens qui concourent à lui donner l'existence ; et tous les moyens qui contribuent à le conserver ; et tous les moyens qui le font parvenir aux citoyens plus ou moins éloignés des lieux où il se recueille. Il faudroit régler si justement les prix de ces moyens , que le cultivateur et le marchand ne pussent trouver dans leurs professions , aucun désavantage qui les forçât de les exercer négligemment , ou même d'y renoncer ; ni le citoyen aucun obstacle dans ses approvisionnemens.

Ainsi , pour pouvoir taxer le prix du bled sans tomber dans aucun de ces inconvéniens , qui certes ne sont pas légers , il faudroit taxer le prix des chevaux , des bœufs , des mulets , des ânes , et des attelages. Celui du fer , du bois et de tous les instrumens qui servent à l'agriculture ; celui du foin , et celui du fumier , et de toutes les matières qui servent aux engrais , et parconséquent celui de tous les bestiaux ; celui de tous les objets dont le cultivateur , sa famille et ses gens , ont besoin pour leur vie et leur entretien, du vin, et des autres boissons, de la toile, des étoffes , des chaussures , du chanvre et des laines ; le prix des filatures et de toutes les fabrications ; le prix de la main - d'œuvre dans tous les genres ; parconséquent les profits de tous les artisans. Il faudroit aussi taxer les profits des marchands , et des fabricans qui leur fournissent leurs matières ; plus , tous les frais des transports par eau et par terre ; ensuite les profits des aubergistres , des cabaretiers , et des

voituriers ; des loyers des boutiques , des maisons et des magasins ; tous les matériaux et
tous les travaux qui servent à leurs construc-
tions et à leurs réparations , ainsi qu'à celles
des métairies et des fermes , c'est-à-dire, la
chaux , les pierres , le plâtre , le sable , la tuile ,
et l'ardoise, les bois de charpente, la serrurerie,
la menuiscrie ; et les entreprises des maçons
et des charpentiers ; enfin , tous les travaux ,
tous les arts , toutes les espèces d'entreprises et de trafics , et toutes les productions
de la terre et de l'industrie sans exception,
suivant les convenances et l'infinie diversité
des différentes localités. Il faudroit aussi que
les nations étrangères fussent soumises à ces
taxes, du moins pour les matières qu'elles nous
fournissent , lorsque nous ne les avons pas en
assez grande quantité; et pour tous les rapports
que nous avons avec elles.

Mais quand de telles opérations seroient au
pouvoir de quelque puissance humaine , ce
qu'on ne supposera pas sans doute, il resteroit encore des bases des valeurs qui seroient
toujours supérieures à elle; savoir , le cours
de la nature , et celui de l'opinion. Jamais aucune taxe légale, jamais aucunes lois , fussent

elles de sang , n'empêcheroient un homme
d'acheter plus cher , ce que la nature ou le découragement de l'industrie et du commerce ,
auroient rendu plus rare, ou l'opinion plus précieux. Les taxes pourroient bien enchaîner
l'industrie , faire cesser tous les travaux , allu-
mer la guerre civile entre les citoyens , et couvrir un pays de misère et de ruines : mais elles
n'empêcheroient pas les vendeurs d'accorder
des préférences à des acheteurs que le désir
rendroit plus empressés de les obtenir ; et
elles n'empêcheroient pas non plus les acheteurs d'une contrée d'établir des valeurs différentes des taxes, lorsque les dispositions de leurs
esprits les porteroient à faire à l'envi des offres
supérieures à elles.

Croyez-vous que les citoyens auroient égard
à la taxe du pain et de la viande , si la nature
de ces deux objets leur permettoit de les conserver , et d'en faire des provisions pour une
année, ou pour quelques mois ? la faculté seule
de choisir leurs tems et leurs convenances pour
faire leurs provisions , n'admettroit entr'eux et
leurs fournisseurs , que des traités de gré à
gré ; et tous ensemble se moqueroient de concert , et de la police, et de sa taxe. Autrement
les uns se trouveroient n'avoir besoin de rien ,

ou iroient se pourvoir ailleurs , lorsque la taxe ne leur conviendroit pas ; les autres n'auroient point de marchandises dans le cas contraire : et le maintien des taxes , ou feroit mourir de faim le public , ou feroit disparoître les bouchers et les boulangers.

C'est cependant de cette taxe si puérilement mise sur le pain et sur la viande , que sont venues toutes les idées de taxer d'autres objets nécessaires , à la vie , qui n'opéreroient rien moins que la privation totale de ces objets mêmes et la famine , si elles pouvoient se réaliser. Mais il faut examiner ce qu'est en elle-même cette taxe du pain et de la viande , dont l'imbécillité de nos coutumes ne nous a transmis du moins aucun autre exemple.

Je viens de remarquer que la valeur de chaque chose , dépendoit principalement de la valeur des autres choses qui contribuoient à lui donner l'existence ; et c'est ce que la police est forcée d'observer , pour asseoir la taxe du pain et de la viande. Ainsi loin de déterminer , comme elle le croit , le prix de ces deux espèces de comestibles , elle est obligée de suivre continuellement le prix du

bled et les frais de mouture , pour taxer le
pain ; et le prix du bétail pour taxer la viande;
et pour la taxe de l'un et de l'autre , elle est
de plus astreinte à avoir égard aux prix communs des loyers , aux salaires des garçons ,
aux prix des autres consommations , et aux
frais d'entretien des bouchers et des boulangers , suivant les différences que les positions ,
les mœurs et les habitudes mettent dans toutes
ces choses , entre les différentes villes.

Il résulte d'abord delà , que tel magistrat
qui se croit de si bonne - foi le *père du peuple*,
en taxant le pain et la viande , ne taxe rien du
tout . puisqu'il est assujetti à se régler , pour
cela même , sur une infinité d'autres valeurs
qui ne sont point soumises à son autorité.

Mais ce qui est un mal réel , c'est que le
magistrat , ne pouvant jamais connoître parfaitement ces autres valeurs qui le comman-
dent , et placé entre deux intérêts opposés
qui le sollicitent en sens contraires , est toujours entraîné , par la nature même des choses,
à donner la préférence à l'intérêt du bou-
cher et du boulanger , sur celui du peuple.

C'est dans les marchés que les magistrats

croient trouver la vraie valeur du bled, chaque semaine, pour asseoir, en conséquence, la taxe du pain. Mais il existe mille moyens secrets de faire hausser artificiellement le prix du bled, sous leurs yeux, dans les marchés. Et tout ce que savent les magistrats les plus clair-voyans à cette égard, c'est qu'ils sont toujours trompés, sans qu'ils aient aucune possibilité de réprimer ces fraudes, auxquelles se réunissent aussi quelquefois des hasards, qui concourent accidentellement à donner le change sur la valeur réelle du bled : et je vous prie, Citoyens, de donner toute votre attention à cette vérité. C'est toujours dans les marchés qu'il existe le plus de moyens, soit naturels, soit frauduleux, de faire hausser le prix du bled ; et il faut ajouter encore cette raison à toutes celles que je vous ai données, contre le système de faire vendre tout le bled dans les marchés.

Lorsqu'une loi ne permet de vendre, ou d'acheter du bled qu'au marché ; en oubliant, pour un moment, la tyrannie d'une pareille loi, qui sacrifie si volontiers les pauvres habitans des campagnes, aux convenances des habitans des villes, on doit voir que les acheteurs se trouvant alors réunis en plus grand nombre, il doit y avoir entr'eux une concurrence qui doit naturellemnt auegmenter la cherté. Mais au milieu de cette foule de concurrens, il ne faut qu'un petit mouvemeut de la malveillance, ou un mot de quelque femme imprudente, pour donner l'alarme et produire une augmentation dans le bled. Une première alarme et une première augmentation en produisent aisément d'autres ; le trouble et la précipitation s'emparent de tous les acheteurs à la fois. Et , dans ce premier cas , la cherté augmente encore, et le bled se trouve au-dessus de son prix naturel : et c'est cependant sur ce prix qu'il faut que le pain soit taxé.

Mais même dans le cours des choses ordinaires , il existe toujours dans les marchés, des moyens de faire hausser le prix du bled, pour en imposer au magistrat, lorsqu'il doit taxer le pain. Il seroit inutile d'entrer dans le détail de ces moyens, que la fraude sait inventer et varier à l'infini, suivant les circonstances. Il me suffit de dire que toutes les lois et tous les châtimens ne détruiroient point ces inconvéniens. D'ailleurs, on ne peut changer la nature humaine , qui mettra toujours moins

d'activité dans les hommes publics, pour défendre l'intérêt public, que dans l'individu
pour faire son bien propre. Il résulte donc que
la taxe du pain produit des renchérissemens
artificiels du bled dans les marchés ; et que
cette taxe ne peut jamais être assise que sur
des surprises ou des erreurs contre l'intérêt du
peuple.

Quant à la taxe de la viande, elle est bien
autrement susceptible d'erreurs, puisque les
animaux amenés aux boucheries des villes,
sont achetés dans des pays plus ou moins éloignés, où le magistrat ne peut pas aller vé-
rifier leur valeur, qui y varie d'ailleurs d'un
moment à l'autre. Et pour comble d'absurdité,
la police doit tenir compte aux bouchers, de
leurs frais de voyages, ou des bénéfices des marchands qui les fournissent, ce qu'elle ne peut
faire que sur des données toujours changeantes
et compliquées, et sur des rapports des parties les plus intéressées à lui cacher la vérité.

D'ailleurs, les boulangers et les bouchers
exagèrent toujours, avec force, les chertés de
leurs emplettes, et les difficultés de s'approvisionner. Ils menacent de cesser leurs fourni-
tures, et d'abandonner leurs états, si on ne

leur accorde pas les taxes qu'ils demandent.
Ils ont en outre tout l'avantage des discussions
contre des magistrats qui ne peuvent pas connoître comme eux les secrets de leurs com-
merces et de leurs opérations. Et ces magistrats
sont même obligés le plus souvent , de leur
céder par des raisons de prudence ; parce que
les soulevemens ou les clameurs des hommes
de ces professions , pourroient troubler la tran-
quillité publique , et compromettre la subsistance des citoyens.

Voilà donc ce qu'opère la taxe du pain et
de la viande , qui seroit toujours un ridicule
enfantillage , où la police n'interviendroit que
pour être jouée, et recevoir la loi , en croyant
la donner; si cette taxe ne produisoit pas l'effet malheureux de renchérir les subsistances ,
et de réduire presque toujours le peuple des
villes à l'alternative de les payer beaucoup au-
dessus de leur prix véritable, ou d'en manquer.

Les lois sont bonnes là où elles sont nécessaires ; mais dans tout ce qui peut aller sans
elles, elles ne font que du mal. C'est une des
plus communes vanités du despotisme, que
celle de se persuader que rien ne peut aller
bien, s'il ne porte pas sa main à tout. Les

nations sont entre ses mains, comme des pou-
pées entre celles des enfans ; qui, sans avoir
aucune idée des proportions, des propriétés
de la matière, ni des lois de l'équilibre, dérangent les positions naturelles, et défont toutes les parties, pour les remettre eux-mêmes
ensuite dans un état de difformité dont ils
ne se doutent pas.

De même, sans connoître les rapports des
sociétés, ni les effets des arts, ni l'équilibre
qu'établit la nature entre les besoins et l'industrie, lorsqu'elle n'est point contrariée ; et
sans chercher sincèrement le bonheur du genre
humain, dont il ne demande au fond que la
ruine ; le despotisme dérange, déplace, renverse, enchaîne, corrompt et ravage tout ;
et lorsque dans sa stupidité malfaisante, il en-
tend les cris du peuple trop excessivement opprimé, lui demander enfin quelque soulagement ; portant alors sa vue sur quelques maux
partiels, il se croit le bienfaiteur du monde,
en leur appliquant de pernicieux palliatifs,
accommodés d'après ses idées de contrainte
et d'esclavage dont il ne peut jamais se dé-
partir. C'est à cet alliage perfide de haine pour
la liberté, et de désir de paroître quelquefois
populaire,

populaire , que nous devons l'invention de
toutes ces lois violentes et funestes sur les
subsistances , pratiquées dans les tems passés ,
par nos tyrans et leurs dignes magistrats ; que
le peuple abusé jugeoit toujours par leur objet , et non par leurs effets ; et qu'à la honte
de notre révolution , nous voyons dans quelques municipalités, des magistrats de la liberté,
solliciter, et même renouveller arbitrairement
de leur chef, avec cette même incapacité, ce
même penchant secret pour l'extension du
pouvoir, et ces mêmes flatteries populaires ,
qui surprenoient autrefois la reconnoissance
du peuple , envers ceux qui ne vouloient que
l'accoutumer par des illusions , à supporter
ses fers.

Citoyens , lorsque vos cris s'élèvent vers
des autorités constituées pour leur demander
du pain ; vous n'ignorez pas qu'elles n'en ont
point à vous donner. Que leur demandez-vous
donc réellement ? Vous ne leur demandez autre chose que toutes ces mesures iniques et
folles, qui ont si bien marqué le caractère de
vos anciens tyrans ; c'est-à-dire, tout ce chaos
de réglemens du despotisme en délire qui
n'ont jamais produit que la misère constante

du peuple, avec les retours succesifs de la disette et de la famine. C'est donc maintenant
au nom de la *liberté*, que vous demandez
pour vos municipaux, tous ces anciens moyens
de vexations arbitraires, d'inquisition et d'oppression; c'est au nom de l'*égalité*, que vous
demandez le despotisme pour les villes et la
servitude pour les campagnes; c'est au nom
de la *prospérité publique*, que vous redeman-
dez ces prohibitions, ces entraves et ces chaî-
nes, qui, pendant tant de siècles, ont ravagé
diversement tous les arts, désolé et appauvri
tous les citoyens; c'est enfin pour avoir plus
facilement *du pain*, que vous voudriez frapper
de mort, et l'agriculture qui en produit la matière, et le commerce qui la porte dans tous
les lieux: et telle est la confiance de l'ignorance, qu'en affectant de mépriser la philosophie, qui seule sait remonter aux causes
générales des maux et des biens, elle décore
du nom de *bon-sens* et de *lumières naturelles*,
toutes les conceptions irréfléchies et barbares, que lui inspirent, suivant les occasions
et les momens, le caprice, les passions,
l'égoïsme et les plus extravagans abus du
raisonnement !

Ah ! si j'étois moins pressé par le tems ; ou si je ne craignois point de retenir votre attention sur un écrit qui n'a déja peut-être que trop d'étendue, je vous ferois connoître ce qu'est cette philosophie , mère de la liberté et de tous les arts , bienfaitrice de tous les humains , et seule créatrice des bonnes lois ! Je vous la montrerois persécutée par le despotisme , qui auroit voulu la chasser de dessus la terre , parce qu'elle éclairoit les hommes sur l'injustice de sa domination ; et dédaignée aujourd'hui par le faux patriotisme , parce que la violence de son ambition ne lui permet pas de la connoître ; ou qu'elle ne lui donne pas assez de moyens d'enlever précipitamment les suffrages d'une multitude trop peu éclairée. C'est cette philosophie sur-tout que l'on écarte et que l'on décrie, toutes les fois que l'on veut opprimer le peuple , ou le surprendre en feignant de le servir. Il existoit un homme dans l'assemblée constituante, dont le faux patriotisme avoit long-tems séduit tous les amis de la liberté. Cet homme se démasqua enfin , jusqu'au point de soutenir, avec la plus étrange impudence , que la *liberté n'étoit pas nécessaire au bonheur du peuple.* Mais

on a remarqué que cet homme n'avoit jamais
perdu une occasion de déclamer contre la philosophie.

Dans le réglement que vous fit la cour de
Louis XVI, pour la convocation des états-
généraux, en 1789 ; cette cour dont les vues
n'étoient assurément pas patriotiques , es-
saya également de vous prévenir contre la
philosophie, et contre les hommes les plus
éclairés, en affectant de vous dire artificieusement dans le préambule de ce réglement,
que *dans les affaires publiques et nationales, les
plus honnêtes-gens étoient aussi les plus habiles.*
Comme si la probité seule, toute respectable
et toute précieuse qu'elle est, pouvoit se passer des observations , des lumières, des re-
cherches historiques, de l'immensité des faits,
des vastes combinaisons, et de l'étendue des
connoissances qu'il faut réunir pour faire de
bonnes lois !

Combien ne faut-il pas embrasser d'objets
pour connoître ce qui convient tout-à-la-fois
à la navigation, au commerce intérieur et
extérieur, aux manufactures, à l'agriculture,
à l'ordre général, et à tout ce qui intéresse
la conservation de la société, et sa prospérité ?

Mais il arrive bien souvent que la multitude, malheureusement peu instruite, par le soin qu'avoit pris le despotisme pour la retenir dans l'ignorance, et emportée par ses préjugés, se prévient contre ce qui lui est avantageux, et ne demande que ce qui lui est funeste. Et le législateur est obligé quelquefois de contrarier l'opinion égarée du peuple, pour le salut du peuple.

La révolution nous fournit plusieurs exemples de cette vérité. Les cultivateurs et les autres citoyens en général, n'ont pas d'abord senti tous également les avantages de l'abolition des dixmes. Les uns n'ont cru voir dans cette réforme, qu'un présent fait gratuitement aux seuls propriétaires; d'autres, propriétaires eux-mêmes, ont fait ce raisonnement spécieux qui avoit abusé nos pères pendant tant de siecles, et qui nous éblouiroit comme eux encore, si les lumières de la philosophie n'avoient pas dessillé nos yeux dans ces derniers tems. le paiement de la dixme, disoit-on, ne coûte presque rien aux campagnes: ce prélevement qui se fait sur le champ même, n'est qu'une quantité insensible, qui ne rend pas le cultivateur plus pauvre, et à laquelle il ne pense plus lorsqu'il serre ses denrées. Et l'on ne voyoit pas que la dixme dévoroit tous les onze ans, la totalité des semences, et de tous les frais de culture ; qu'elle se prélevoit jusques sur les engrais ; qu'elle emportoit seule le quart ou le tiers du revenu des terres ; et qu'elle retenoit les opérations de l'agriculture dans un état de contrainte, qui nuisoit à l'abondance des productions, contre l'intérêt de la société toute entière.

Lors de l'abolition de la noblesse, en 1791, la plupart des citoyens, sur-tout les citoyens pauvres, satisfaits de la suppression des priviléges pécuniaires, goûtoient peu cette réforme, dont ils ne voyoient point encore les rapports avec le maintien de leur liberté.

Les jurandes étoient la ruine des artisans; et c'est dans les artisans même, c'est-à-dire, dans la classe la plus nombreuse des villes, que cette réforme auroit trouvé le plus d'oppositions, si l'impulsion donnée par la philosophie ne l'eût pas entraînée avec toutes les autres, dans la nuit du 4 août 1789.

Mais c'est principalement au sujet des subsistances, que les législateurs et les magistrats ont besoin de résister avec plus de courage contre les demandes inconsidérées des citoyens, dont le jugement est encore dépravé par les erreurs qu'avoient accréditées les anciennes autorités , et par l'exemple des mauvaises lois. On pourroit citer plusieurs villes en France, que des magistrats ineptes ont ruinées par un faux zèle , en entravant et en tyrannisant le commerce des grains , pour flatter les désirs d'une multitude abusée. Les subsistances ont pris d'autres cours , et le commerce s'en est établi dans d'autres lieux où il trouvoit plus de liberté , au grand avantage des habitans , qui y ont profité de l'abondance et de la richesse , que l'intolérance et l'impéritie avoient chassées d'ailleurs.

Mais , ni dans les lieux qui ont fait cette perte , ni dans ceux qui en ont profité , la multitude ne s'est jamais doutée du bien ou du mal que lui avoient fait la sagesse ou l'imprudence de ses magistrats.

Citoyens, un grand nombre de vos villes manquent de subsistances , parce que depuis plusieurs années , le commerce , qui seul auroit pu les approvisionner , n'a pu avoir son cours ; et il faut toujours en revenir à ces faits, qui sont sans réplique. Depuis quatre ans , vous vous

êtes soulevés constamment contre le commerce
des grains, et contre les loix qui consacroient
néanmoins la liberté de ce commerce. Vos
villes alarmées ont envoyé des commissionnaires dans différentes contrées, qui en
achetant des grains précipitamment, et en
concurrence les uns des autres dans les mêmes
tems, en ont fait hausser les prix. Par-tout
vous vous êtes donné l'exemple fatal d'arrêter la circulation et les transports. Ne cherchez point d'autres causes de l'excessive cherté
des grains, et de la difficulté d'en avoir.
Votre sort est maintenant dans vos mains.
Vous ne verrez renaître l'abondance, que lorsque vous rappellerez vous même le commerce,
et que vous protégerez la circulation. Mais vos
maux seroient bientôt au comble, et vous ne
verriez plus que des famines se succéder, si
des législateurs pouvoient ériger en loix, toutes
les idées que vous ont inspirées les égaremens
de vos esprits.

Abjurez donc pour jamais ces préjugés malheureux, que vous avez eus jusqu'à présent
contre les marchands de grains ; préjugés qui
depuis quatre ans jusqu'à ce moment, vous
ont attiré des maux si terribles. Représentez-

vous bien , que le commerce libre des bleds maintient seul l'égalité de l'abondance, dans tous les lieux , et dans toutes les années. C'est dans les années abondantes que les marchands font des magasins , qui se retrouvent dans les années de disette , et qui rendent dans ce dernier cas , le mal presqu'insensible.

Si le commerce des grains se fût fait aisément depuis quatre ans, avec les bonnes années que nous avons eues , aucune ville ne seroit actuellement dans l'embarras. Toutes seroient approvisionnées par des marchands, qui y auroient des magasins ; ces magasins fourniroient les particuliers, et les boulangers ; les boulangers en auroient eux-mêmes, qu'ils entretiendroient par les mêmes moyens d'un commerce libre, sans que personne eût à éprouver aucune inquiétude.

Avec la liberté du commerce des grains, les ouvriers des campagnes s'approvisionnent dans les campagnes , à leur commodité : et les ouvriers des villes , chez les marchands ou les propriétaires, à leur choix , qui leur font des avances ou du crédit, et sont engagés par-là , à leur fournir de l'ouvrage. Les bladiers, de leur côté , vont chercher le bled chez de petits cultivateurs , pour l'apporter dans les villes ; ou ils en portent à de petits consommateurs , placés dans des cantons où l'on n'en recueille pas. Et lorsque toutes ces opérations se font tranquillement , l'agriculture et les manufactures sont animées , tous les travaux sont en activité , et personne ne manque de subsistances.

Je ne sais comment on n'observe pas dans les villes , et dans les grandes villes sur-tout , que toutes les denrées et toutes les provisions y affluent naturellement d'elles - mêmes , et qu'elles ne demandent qu'à s'y rendre , lorsqu'elles n'en sont pas forcément écartées par la crainte des violences , ou par quelqu'inquisition. Il est de la nature des choses nécessaires à la vie , de se porter par-tout où elles trouvent des consommateurs : et jamais elles ne sont nulle part plus abondantes que dans les grandes villes , lorsqu'une police réglementaire et pédantesque , ou des troubles populaires , ne les en détournent pas.

Si donc vous voulez voir reparoître en peu de tems , l'abondance et le bonheur , revivifiez, encouragez vous-mêmes le commerce des grains. Regardez comme un mauvais citoyen , comme un ennemi public, comme un impie, quiconque oseroit le troubler par ses actions ou par ses discours. Que les marchands de cette denrée soient invités, rappelés, rassurés, garantis par le peuple, et pris sous sa protection spéciale, comme des agens sacrés de sa prospérité !

Quand vous verrez des bleds chargés sur vos rivières, ou voiturés sur vos routes, et sortir aussi librement de vos villes qu'ils y seront entrés, soyez sûrs que vous toucherez au moment de jouir d'un meilleur sort. Faites-vous alors les mêmes raisonnemens, que vous faites ordinairement en voyant circuler d'autre marchandises. Jamais les pays où passent librement des marchandises ne sont exposés à en manquer. Au lieu qu'elles ne s'y voient plus, lorsque le passage en est arrêté, ou gêné. Quand la foire se tient à Bordeaux, ses habitans ont-il jamais imaginé de fermer leurs barrières, pour ne laisser sortir de marchandises, que lorsqu'ils en seroient suffisamment approvisionnés ? et quand cette ville reçoit des sucres, ou d'autres denrées des isles, s'avise-t-elle de n'en laisser passer dans l'intérieur, qu'après avoir examiné si elle en est assez fournie pour elle-même, et si le prix lui convient ? avec de pareilles mesures , elle perdroit ses richesses , et elle seroit plus sujette à manquer de ces objets , et à les payer plus cher , que les contrées où ils pourroient entrer, sortir et circuler en toute liberté. Par-tout, le concours des acheteurs attire les marchandises et les vendeurs : et il n'y a pas de raison d'exception pour le commerce des grains. Mais songez plutôt que ceux qui arrêtent ce cours naturel des choses, sont toujours les plus dangereux ennemis du peuple ; ceux qui font fuir loin de lui la richesse et l'abondance, et qui lui attirent infailliblement les plus affreuses calamités , comme vous en avez fait, depuis quatre ans, une si triste expérience.

Quand on voudra vous effrayer , en vous parlant d'*accapareurs* , songez bien qu'il ne peut y avoir d'accaparemens , lorsque le commerce de bled est libre. Plus les marchands de grains seront multipliés , plus les abus seront impossibles : et votre intérêt le mieux entendu sera toujours que leur nombre soit plus grand , afin qu'il y ait plus de concurrence entr'eux pour vendre. Mais défiez vous, plus que de tout le reste , de ces mots d'*accapareurs* et d'*accaparemens* , qui ne sont que de dangereuses visions de bonnes-femmes ou de

personnes ignorantes ; ou de perfides dénonciations que font des hommess cruels , qui ,
pour satisfaire des passions particulières , veulent supplanter ou perdre quelque citoyen ;
ou des clameurs d'agitateurs mal-intentionnés
qui veulent troubler la multitude , pour faire
servir ses mouvemens et ses méprises à quelques desseins secrets ; ou enfin d'infernales manœuvres de l'aristocratie , des prêtres conspira-
teurs , et de nos ennemis du dehors . qui se
promettent encore de conduire le peuple à
s'affamer lui-même , et à se détruire de ses
propres mains , en entretenant tous ses faux
préjugés contre le commerce des grains et leur
libre circulation. Les véritables accaparemens
sont donc ces fausses alarmes , et ces crimi-
nelles clameurs qui les répandent. Ce sont-là
les seules causes qui empêchent les subsistances
de se montrer , et de se rapprocher du peuple;
et c'est contre ceux qui emploient ces moyens
perturbateurs et désastreux , que le peuple
doit faire tonner son indignation , et provoquer toute la sévrité des lois et de ses magistrats.

Citoyens , gardez-vous d'oublier un seul
instant, que du commerce libre des grains, et

de la libre circulation des subsistances , dépendent votre subsistance et votre salut : et
qu'en vous opposant à ce commerce et à cette
circulation par des excès , ou en demandant
des lois pour les entraver , vous combleriez
les vœux les plus chers des ennemis les plus
implacables , les plus scélérats , et les plus
forcenés , et du peuple françois , et de la liberté.

Prix moyen du froment chaque année, réuit au septier de Paris, depuis 1756.

Année	livres	sous
1756	14 l.	19 s.
1757	18	11
1758	17	11
1759	18	8
1760	18	7
1762	15	8
1763	14	18
1764	15	12
1765	17	8
1766	20	14
1767	22	6
1768	24	4
1769	24	
1770	29	9
1771	28	6
1772	26	
1773	25	13
1774	22	14
1775	24	16
1777	20	17
1778	22	18
1779	21	4
1780	19	15
1781	20	19
1782	23	16
1783	23	9

1784	23	18
2785	23	4
1786	22	
1787	22	2
1788	25	2
1789	34	2
1790	30	7

De l'Imprimerie des Directeurs du CERCLE
SOCIAL, rue du Théâtre François

www.ingramcontent.com/pod-product-compliance
Ingram Content Group UK Ltd.
Pitfield, Milton Keynes, MK11 3LW, UK
UKHW022353090726
13658UKWH00002B/627